U0611495

谨以此书献给我的爷爷和我的导师常金仓先生

黑白之间

中国历史文化中的任侠者

孙 云◎著

黄河出版传媒集团
宁夏人民出版社

图书在版编目(CIP)数据

黑白之间:中国历史文化中的任侠者 / 孙云著. —银川:宁夏人民出版社,2011.12

ISBN 978-7-227-04929-6

Ⅰ. ①黑… Ⅱ. ①孙… Ⅲ. ①中华文化-研究 Ⅳ. ①K203

中国版本图书馆 CIP 数据核字(2011)第 274164 号

黑白之间——中国历史文化中的任侠者 **孙 云 著**

责任编辑 郭永顺 杨海军
封面设计 白雅丽
责任印制 李宗妮

黄河出版传媒集团
宁夏人民出版社 出版发行

地 址 银川市北京东路 139 号出版大厦(750001)
网 址 http://www.yrpubm.com
网上书店 http://www.hh-book.com
电子信箱 renminshe@yrpubm.com
邮购电话 0951-5044614
经 销 全国新华书店
印刷装订 宁夏书宏印刷有限公司

开本 880mm×1230mm 1/32 印张 6.5 字数 180 千
印刷委托书号 (宁)0009230 印数 1000 册
版次 2011 年 12 月第 1 版 印次 2011 年 12 月第 1 次印刷
书号 ISBN 978-7-227-04929-6/K·653

定价 28.00 元

自序——我的侠客梦

和大多数生在20世纪70年代的孩子一样，小时候最大的梦想就是成为一个练就绝世武功的大侠。那样，便可飞檐走壁、来去自如，实现打抱不平、惩恶扬善、扶危济困的侠行壮举。更为重要的是，胆敢有坏人欺负自己，定打得他满地找牙，叫他吃尽苦头。其后，伴随着80年代以来各类武侠小说、电影、电视剧的盛极一时，这个“痴梦”一直做了很多年。犹记得，“小人书”系列中海灯法师的侠胆慈心（《海灯法师》）、杜心武的豪爽率直（《南北大侠》）、大刀王五的义薄云天（《大刀王五》）等，这都给成长中的我留下了不可磨灭的印象。而此后初中阶段大量武侠小说的阅读，愈加使我对行走在江湖世界中的他们，艳羡不已，恨不得自己身处其中（这可能就是时下所说的“穿越”方式之一种吧）。梁羽生、金庸、古龙、温瑞安等人的作品，总是塞填在鼓囊囊的书包中，甚或就压在上课课本的下面，如饥似渴地从中汲取“养分”，“daydream”式地臆想着这些作品中描绘的江湖世界。打打杀杀、爱恨情仇、英雄救美、江湖大义等主题的渲染，更使得我常常不能自已，为主人公遭遇到的各种艰难险阻扼腕叹息，对他们的侠肝义胆和表现出的任侠大义钦佩得五体投地。不惟如此，一

段时期内，除了与“志同道合”的武侠迷们互换书籍、共同交流心得体会外，正在长身体的我们学着好勇斗狠的侠客们，有了各自的帮派与“圈子”，并开始苦练自己瞎想的所谓“功夫”，五花八门，“拿来主义”，甚至有人还想尽办法多处去拜师。而我缠着母亲，让她给我做了一副绑腿的沙袋，据说每天带着它，可以练就一身轻功。遗憾的是，一周之后我即放弃，因为如果再绑着它，我连放学后走回家的劲都没有了。

高中的紧张生活，并没有冲淡萦绕在心头的侠客梦，周末或假期的休憩，时不时将一整块的时间让渡给了武侠小说。随着年龄的增长和阅历的增多，对于不同的武侠小说，开始有了“挑食”习惯，但无论如何，我对江湖中行侠仗义的他们，始终充满着无以言说的钟爱和崇敬，大有一种“生子当如孙仲谋”的感慨。大学学业结束时，我选择了继续上学，研究的方向是中国古代文化史，导师常金仓先生是位道德文章的学者典范，他视我们这些门下弟子如己出，手把手地教我们读经典、学理论，那些佶屈聱牙、艰涩难懂的古文，正是在这种背景下，我苦读了三年，钻研了三年，临到毕业选择论文题目时，我与众不同，研究的兴趣点落在了历史上真正存在和影响甚深的侠客们身上，我知道，那是我的心结。但有意思的是，造化弄人，正是从这个研究开始，我发现我的侠客梦与我渐行渐远。原来，历史上真正存在的那些侠客们，并不像某些小说家所言，所谓“侠之大者，为国为民”，也更不是整个社会价值标准和道义的最后坚守者。他们或为政治权力场斗争中的一工具性人物，或为民间自组织的强权人物，并时常违法乱纪，凭一己喜好断人生死。虽然他们通过暴力复仇和民事调停，以及政府之外的私力救济方式，弥补了传统帝国统治措施的许多缺漏和不足,但究其实质,他们构成了正常社会和政府之外的亚社会组织形态,其行事标准和道德准则有悖于日常社会,因而,它的存在,弊大于利。

基于此研究认识,再反观我十几年来的侠客梦,我清楚地认识到,中国传统文化中的任侠文化,说到底,就是一个看似绚丽多姿的精神“罂粟花”,它既会让孩童们迷恋于此,更会成为成年人恒久咀嚼的童话与美梦。它真实地反映了传统时代庞大的社会弱势群体在维护自身权利无助时的一种无奈“情结”,即在困厄之际寄希望于能及时出现超级“拯救者”。但几千年的历史进程告诉我们,在一个没有真正法治实现的社会里,仅凭某个人或某些人的“发愤一击”,是不能保障绝大多数社会成员基本权利和人格尊严实现的。换句话说,民众普遍渴求一个大侠出现和侠行高唱的社会,恰恰证明了它法治的不成熟和道德转型的不彻底。

是为序。

目录 Contents

第一章　早期任侠风气生成的文化考察

闻一多先生曾借英国人韦尔斯的话说："在大部分中国人的灵魂里，斗争着一个儒家，一个道家，一个土匪。"[①]这个土匪，就是任侠者的影子和历史衍生物。那么，中国古代的侠风起于何时？它又是基于怎样的社会文化要素产生、发展乃至流变的呢？这些任侠者和墨家的根本区别又有哪些？要较为全面、详尽地回答这些问题，必须先从侠的起源问题说起。

一、有关侠起源的几种代表性说法

"游侠之风，倡自春秋，盛于战国。"[②] 有关春秋战国至秦汉间任侠风气兴起的前期研究，著述颇丰，成果也层出不穷。但是，将其作为一种社会文化现象，放置在历史的具体大环境中进行考察的却并不占主流。简言之，众多学者研究的聚焦点，几乎全部集中在史书所记载的最直接、最明显的游侠群体上，尤其关注故事细节和发展，正如常金仓先生所言，这些"以事件为中心的叙事史出于对细节的追求引发了重材料轻理论的倾向，出于对

① 闻一多：《关于儒、道、土匪》，《闻一多全集》第2卷，湖北人民出版社，1993年，第377页。

② 张亮采：《中国风俗史》，东方出版社，1996年，第33页。

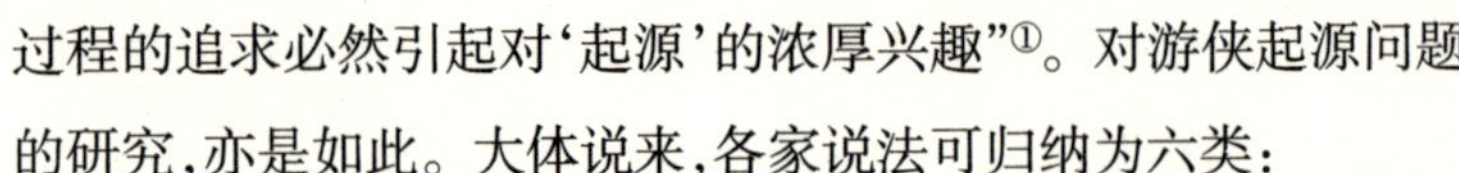

过程的追求必然引起对‘起源’的浓厚兴趣”①。对游侠起源问题的研究，亦是如此。大体说来，各家说法可归纳为六类：

1. 侠起源于士阶层。这种观点又可分为两种：第一种意见认为侠是士阶层中武士与文士分途后，逐渐从武士中发展演变而来。顾颉刚、冯友兰、吕思勉均持这种观点。②这种说法带有普遍性，屡见于各类教材书刊。第二种意见认为侠不过是士阶层中最下等的“恶霸”人物。范文澜是持这种观点的代表人物。③

2. 侠起源于某一学派。章太炎等认为侠起源于儒家的一支。他说：“漆雕氏之儒废，而闾里有游侠。”④梁启超说：“漆雕儒”是“后世游侠之祖也”。⑤另外，有许多学者认为侠起源于墨家。鲁迅、闻一多、吕振羽、侯外庐等都持这种观点。⑥但察于史实却并非完全如此，有些学者在反对这种说法的同时，努力调和二者意见。譬如钱穆道：“故谓侠出于儒、墨则可，谓儒、墨分文、武，而以墨拟侠，则皆不得古社会流品之真相也。”⑦蒙文通也说：“墨固侠而儒亦侠。”⑧

---

① 常金仓：《论现象史学》，《宝鸡文理学院学报》，2001 年第 3 期。

② 顾颉刚：《武士与文士之蜕化》，《史林杂识初编》，中华书局，1963 年，第 89 页；冯友兰：《三松堂文集》，北京大学出版社，1984 年，第 320 页；吕思勉：《秦汉史》，上海古籍出版社，1983 年，第 517 页。

③ 范文澜：《中国通史简编》修订本第一册，人民出版社，1965 年，第 126 页。

④ 章炳麟、儒侠：《訄书详注》，徐复注，上海古籍出版社，2000 年，第 73 页。

⑤ 梁启超：《中国之武士道》，《梁启超全集》，北京出版社，1999 年，第 1388 页。

⑥ 鲁迅：《三闲集·流氓的变迁》，《鲁迅全集》第 4 卷，人民文学出版社，1981 年，第 155 页；闻一多：《关于儒、道、土匪》，《闻一多全集》第 2 卷，湖北人民出版社，1993 年，第 377 页；吕振羽：《中国政治思想史》，三联书店出版社，1955 年，第 136 页；侯外庐：《中国思想通史》第 1 卷，人民出版社，1957 年，第 197 页。

⑦ 钱穆：《中国学术思想史论丛·释侠》(二)，《钱宾四先生全集》，联经出版社(台北)，1996 年，第 289 页。

⑧ 蒙文通：《漆雕之儒考》，《古学甄微》，巴蜀书社，1987 年，第 208 页。

3. 侠的起源跟儒墨无关。郭沫若便说:“又有的朋友说:墨家并没有亡,后世的任侠者流便是墨家的苗裔。这也是乱认表亲的办法……然而儒墨自儒墨,任侠自任侠,古人并不曾混同,我们也不好任意混同的。大抵在儒墨之中均曾有任侠者流参加,倒是实在的情形。”①

4. 侠的兴起是社会变革中民间社会秩序进行调整的结果,属于“新型人际结合关系的性质”。日本学者增渊龙夫就是这样认为的。②

5. 当代部分学者将游侠的兴起,归因于“传统文化大系统中两个相反相成的文化子系统”的出现。简单地讲,即上层文化与下层文化、精英文化与民间文化相对存在导致的结果,而侠的产生是根基于下层民间文化的需要。张未民、陈山皆如是说③。

6. 郑元春认为,“侠起源于原始氏族的遗风”,“原始正义观念是侠意识观念的渊源和基础”等。④

上述六种具有代表性的提法,比较集中地反映了20世纪关于游侠起源问题的研究状况。侠的产生,绝不仅仅限于某个阶层或学派,也不完全是民间社会秩序变动带来的直接后果。要知道,任侠现象在当时是一种普遍的社会风气,这体现在社会各个层面。同时,任侠者的身份也极为复杂。上有卿相之侠如延陵、孟尝、春申、平原、信陵之徒,下有操持贱业以求生计,活动于市井

①郭沫若:《青铜时代·墨子的思想》,《郭沫若全集》(历史编第1卷),人民出版社,第484、485页。

②[日]增渊龙夫:《汉代民间秩序的构成和任侠习俗》,《日本学者研究中国史论著选译》(第3卷,上古秦汉),中华书局,1993年,第529页。

③陈山:《中国武侠史》,上海三联书店,1992年,第2页。

④郑元春:《侠客史》,上海文艺出版社,1999年,第275页。

之中的“闾巷之侠”，如魏国大梁夷门监者侯嬴、属狗者朱亥、赵国的博徒毛公和卖浆者薛公、燕国的屠狗及善击筑者渐离、节侠田光、卫国论剑者荆轲、杀人避仇逃往齐国的鼓刀屠者聂政，以及织网贩草鞋的齐人北郭骚等。简单地将侠的产生归于两种相对文化子系统的出现，实际上是借西方理论对中国传统文化的一种误读。不难看出，这六种看法除对历史作了一点似是而非的解释外，并没有告诉我们为什么在特定时代产生这种社会文化现象。从这个意义上讲，这些研究缺乏真正的历史感。在今天看来，关于侠士起源问题之所以意见如此分歧，大抵由于研究方法的简单肤浅导致了片面的结论，未能将这一特殊群体纳入社会变革的大背景中作具体的分析考察，这是传统史学研究方法的科学水平低下产生的必然后果。20世纪学者对春秋战国至秦汉间任侠风气的研究，存在着以下两大思想误区：

1. 对这个时期的任侠风气的考察仅限于其中的部分人物或个别群体，没有将他们放入具体的历史环境中，宏观地、全局性地把握这一时期社会生活的主要特征。我们认为：现象是社会成员，至少是某地区、某阶层、某团体成员行为中显示出来的共相，而不是单纯的一个事件，抑或某人或某几个共同参与的一个独特事件的过程。同时，基于现象本身的相对稳定性、普遍性，使得我们能够对它进行科学的处理，从而从那些反复重现的现象中归纳出事物的原理来，即通过对现象的科学分解，去发现历史的通则、原理或规律。①

2. 前人多喜欢对任侠者的行为进行价值和道德的臧否评

①常金仓：《论现象史学》，《宝鸡文理学院学报》，2001年第3期。

判。梁启超撰写的《中国之武士道》即是代表作品之一。他在该书的“自叙”里这样写道:“吾故今搜集我祖宗经历之事实,贻最名誉之模范于我子孙者,叙述始末,而加以论评,取日本输入通行之名词,名之曰《中国之武士道》,以补精神教育之一缺点云尔。呜呼,我同胞,兴!兴!兴!汝祖宗之神力,将式凭焉,以起汝于死人而肉汝白骨。”[①]他希望借助古人的任侠尚武精神,激发起消沉麻木的中国人的斗志,达到救国救民的政治目的。具有讽刺意味的是,在时隔半个多世纪后,被梁氏大力表彰的游侠群体,在特殊的政治环境中,又成了众矢之的。吉书时先生曾对新中国成立后二十多年关于游侠研究的大部分文章作过统计与分析,并且指出:这些文章的论点“集中于游侠的阶级属性”分析,不是称侠是儒的帮凶,便说侠是地主阶级的忠实走狗。[②]由此可见,这种以教化或训诫,乃至影射为目的的政治史学,不但对史学研究无补,而且试图假历史维持世道人心又显得过分苍白与无力。就像意大利历史哲学家克罗齐批判的那样:“有些人借口编历史,像法官似的到处奔忙,到这里来判刑,到那里去赦免,因为他们认为这就是历史的职责……这样一些人一般是被认为缺乏历史感的。”[③]正是这种研究的错误导向与研究方法的非科学性,作为特殊时期特殊文化表象的任侠风气,一直未能得到真正的科学研究。

---

①梁启超:《中国之武士道》,《梁启超全集》,北京出版社,1999 年,第 1386 页。

②吉书时:《试论西汉的侠官》,《北京师范大学学报》,1995 年第 5 期。

③[意]克罗齐:《作为自由的故事的历史》,转引自[英]爱德华·霍列特·卡尔:《历史是什么》,商务印书馆,2007 年,第 82 页。

二、早期任侠风气生成的文化要素分析

任侠之风兴起于春秋战国，是有着深刻历史背景的。根据文化要素分析的观点，某种文化现象并不是由某个杰出人物或某些人群有意创造设计出来的，而是从人们面临现实生活所采取的有效应对措施中综合而成的。那么，任侠之风赖以形成的文化因素是什么？概括地讲，主要有三：

(一)侠士与统治阶级内部的政治斗争

时代较早的材料表明，统治阶层内部争夺权力的斗争，是任侠现象产生的一个重要条件。也就是说，当合法的方式无法满足政治需要，或为攫取新的权力，又无法按正常秩序进行时，便常诉诸于非正规的、不合法的暴力形式。这时，游侠、刺客类的人物便有机会粉墨登场了。这种来自社会上层的行为，无疑助长了社会生活领域的暴力倾向。

《史记·太史公自序》云："春秋之中，弑君三十六，亡国五十二，诸侯奔走不得保其社稷者不可胜数。"如此剧烈的政治变动，给任侠风气的蔓延提供了机会。《穀梁传·哀公四年》说："春秋有三盗：微杀大夫谓之盗，非所取而取之谓之盗，辟(避)中国之正道以袭利谓之盗。" 在这三种盗中，除了少许指代窃人财物之"盗"，犹如僖公二十四年所言："窃人之财犹谓之盗。"《左传》所提及的大多指第一种，即"微杀大夫"者笼统称为"盗"。"贼"，《左传·僖公九年》引《诗》曰"不僭不贼，鲜不为则"，杜预注："贼，伤害也。" 文公十八年引周公作誓曰："毁则为贼，掩贼为藏。窃贿为盗，盗器为奸。主藏之名，赖奸之用，为大凶德，有常无赦。在九刑不忘。" 杜注："毁则，坏法也。"可见，"贼"的最初本义是一种破坏行为。而宣公二年鉏麑所说的："贼民之主，不忠；弃君之命，不信。”此处所讲的“贼”，则是指故意杀人或伤害他人。昭公十四年也说“杀人不忌为贼”，杜注：“忌，畏也。”指不受法律约束的杀人者。事实上，《左传》中的“盗”和“贼”，就是刺客类的任侠者。

《左传》开篇所记的第一位诸侯鲁隐公，就是被大臣羽父指使的“贼”所弑，而这个无名无姓的“贼”就是政治阴谋家指派的杀手①；桓公十六年，卫宣公后妻宣姜派“盗”将急子与寿杀于道涂，目的是让自己的儿子公子朔成为卫国的储君；文公十四年，楚庄王即位，子孔、潘崇打算袭击舒氏，派公子燮和子仪留守而进攻舒蓼。这两个人发动叛乱，加筑郢都城墙，又派“贼”去刺杀子孔，无功而返。宣公二年，晋灵公使“贼”鉏麑刺杀大臣赵盾之事，充分说明，身为国君的晋侯，为了摆脱大臣的直言强谏，不是通过正当的政治措施来解决，而是采取了派人刺杀的非法手段，由此可见“盗”和“贼”作为政治工具在国家政治生活中的重要性，也反映了政治权力场对这一选择方式的默认，乃至嗜好。具体事件过程，《左传》作了详尽的记述：

> 晋灵公不君，厚敛以雕墙；从台上弹人，而观其辟丸也；宰夫胹熊蹯不熟，杀之，置诸畚，使妇人载以过朝。赵盾、士季见其手，问其故，而患之。将谏，士季曰：“谏而不入，则莫之继也。会请先，不入，则子继之。”三进，及溜，而后视之，曰：“吾知所过矣，将改之。”……犹不改。宣子骤谏，公患之，使鉏麑贼之。晨往，寝门辟矣，盛服将朝。尚早，坐而假寐。麑退，叹而言曰：“不忘恭

①《左传·隐公十一年》，杨伯峻：《春秋左传注》，中华书局，1990年，第71页。

> 敬，民之主也。贼民之主，不忠；弃君之命，不信。有一于此，不如死也。”触槐而死。

需要说明的是，作为“贼”的鉏麑已初步地表达了任侠者所秉承的职业精神。即在他看来“贼民之主，不忠”，认为这不是一个任侠者应该做的事的同时，更重要的是他表达了如果他不这样做，则又违背了任侠者“守信”的职业原则和道德，即“弃君之命，不信”。这种矛盾的“尴尬二重心理”，最终导致他不得不选择了“触槐而死”的自杀方式。事实上，“诚信”的原则，是春秋乃至已降整个传统时代任侠者秉承的根本原则之一。譬如，《史记·游侠列传》中司马迁称赞游侠信守诺言的品德说：“其行虽不轨于正义，然其言必信，其行必果，已诺必诚，不爱其躯，赴士之厄困，既已存亡死生矣，而不矜其能，羞伐其德，盖亦有足多者焉。”而“季布一诺，千金难求”的时谚，则更是道出了汉代任侠者守信用带来的巨大社会影响力。

实际上，“盗”、“贼”普遍地活跃于当时社会，已引起了社会成员的关注。成公十五年，伯宗之妻援引时谚告诫其夫曰：“盗憎主人，民恶其上。”可见“盗”的活跃状况及被社会大众的接受程度。而襄公十年发生的郑西宫之难事件，再次说明了政治权力场对“盗”的倚重。具体事件如下：

> 初，子驷与尉止有争，将御诸侯之师，而黜其车。尉止获，又与之争。子驷抑尉止曰：“尔车非礼也。”遂弗使献。初，子驷为田洫，司氏、堵氏、侯氏、子师氏皆丧田焉。故五族聚群不逞之人因公子之徒以作乱。于是子驷

当国，子国为司马，子耳为司空，子孔为司徒。冬十月戊辰，尉止、司臣、侯晋、堵女父、子师仆帅贼以入，晨攻执政于西宫之朝，杀子驷、子国、子耳，劫郑伯以如北宫。子孔知之，故不死。《书》曰"盗"，言无大夫焉。子西闻盗，不儆而出，尸而追盗。盗入于北宫，乃归，授甲，臣妾多逃，器用多丧。子产闻盗，为门者，庀群司，闭府库，慎闭藏，完守备，成列而后出，兵车十七乘。尸而攻盗于北宫，子蟜帅国人助之，杀尉止、子师仆，盗众尽死。侯晋奔晋，堵女父、司臣、尉翩、司齐奔宋。

这是郑国国内发生的一次大规模的武装暴乱。暴徒劫持国君，血洗朝廷，当政三卿死于一朝，尽管这次叛乱最终被平定，但杀戮极重，"盗众尽死"。在叙述事件发生的过程中，作者插述一句："《书》曰'盗'，言无大夫焉。"也就是说，根据《春秋》的记载，此处称"盗"，说明没有大夫参与这次叛乱事件。杜注："尉止等五人皆士也。"这从侧面反映了"盗"的地位和在政治权力场斗争中所处的从属位置。而此后战国任侠之风大盛，士阶层便成为任侠者重要的来源之一，以致后世许多学者认为侠就是起源于士阶层。例如顾颉刚、冯友兰、吕思勉均持这种观点，他们认为侠是士阶层中武士与文士分途后，逐渐从武士中发展演变而来。[①]这种说法也带有普遍性，遍见各类教材书刊。

《左传》昭公二十年记载了由于郑国执政者为政策略和措施

①顾颉刚：《武士与文士之蜕化》，《史林杂识初编》，中华书局，1963 年，第 89 页；冯友兰：《三松堂文集》，北京大学出版社，1984 年，第 320 页；吕思勉：《秦汉史》，上海古籍出版社，1983 年，第 517 页。

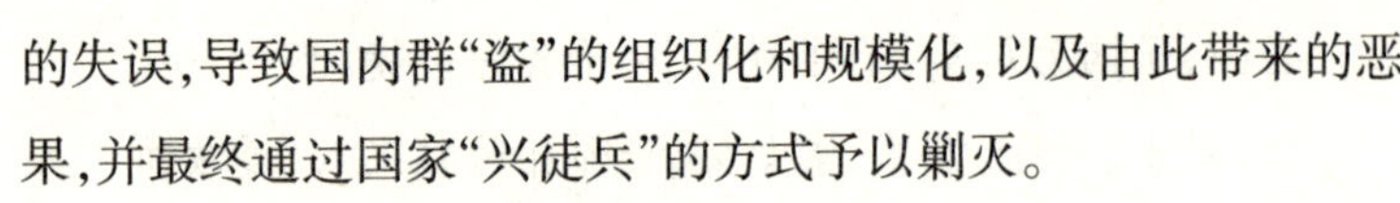

的失误，导致国内群“盗”的组织化和规模化，以及由此带来的恶果，并最终通过国家“兴徒兵”的方式予以剿灭。

> (郑)大叔为政，不忍猛而宽。郑国多盗，取人于萑苻之泽。大叔悔之，曰：“吾早从夫子(按：指郑子产)，不及于此。”兴徒兵以攻萑苻之盗，杀尽之，盗少止。

同样一件事，《韩非子·内储说上·七术》称“郑少年相率为盗”。而“少年”群体就是任侠者的预备队，是从道德和行为全方位慕侠的群体，是任侠者紧密的追随者。①

春秋时期，这些受人指使活跃于政治舞台的“盗”、“贼”等，是伴随社会变迁、政治失范带来的产物，也是政治体制不成熟、不健全的直接后果。《左传》中的“盗”、“贼”与勇士，无论有无姓名，绝大多数都是有主人的被豢养者，处于依附的状态。这一时期的诸侯、卿大夫们都公开豢养勇士。譬如齐庄公有勇士殖绰、郭最、贾举、卢蒲癸、王何；②晋栾氏有力臣督戎、州绰、刑蒯；③而鲁襄公豢养了八个“勇力之臣”，即贾举、州绰、邴师、公孙敖、封具、铎父、襄伊、偻堙，并且都在“崔杼之乱”中战死。④齐景公的“三勇士”分别是公孙接、田开疆、古冶子⑤；就连伍子胥亡命吴

---

①关于先秦及秦汉“少年”的论著较多，可参看王子今：《说秦汉“少年”及“恶少年”》，《中国史研究》，1994 年第 4 期；拙文《名利的驱动与任侠者的组织化》，《船山学刊》，2006 年第 1 期，等等。

②《左传·襄公二十一年》，杨伯峻：《春秋左传注》，中华书局，1990 年，第 1063页。

③《左传·襄公二十三年》，杨伯峻：《春秋左传注》，中华书局，1990 年，第 1075页。

④《左传·襄公二十五年》，杨伯峻：《春秋左传注》，中华书局，1990 年，第 1097页。

⑤《晏子春秋·内篇谏下》，吴则虞撰《晏子春秋集释》(上)，中华书局，1982 年，第 164 页。

国，仍求得“死士”专设诸（即《史记·刺客列传》所载“专诸”），为吴公子光宫廷政治斗争作工具型准备，以期为其父兄报仇。[①]在这次政治刺杀的过程中，专设诸的言行淋漓尽致地体现了任侠者的另一重要原则，即“以躯借交报仇”。

> 吴子欲因楚丧而伐之……吴公子光曰：“此时也，弗可失也。”告专设诸曰：“上国有言曰：‘不索，何获？’我，王嗣也，吾欲求之。事若克，季子虽至，不吾废也。”专设诸曰：“王可弑也。母老子弱，是无若我何？”光曰：“我，尔身也。”夏，四月，光伏甲于堀室而享王。王使甲坐于道及其门。门、阶、户、席，皆王亲也，夹之以铍。羞者献体改服于门外。执羞者坐行而入，执铍者夹承之，及体，以相授也。光伪足疾，入于堀室。专设诸寘剑于鱼中以进，抽剑刺王，铍交于胸，遂弑王。阖庐以其子为卿。

当公子光表达“我，尔身也”时，专设诸深以为然，这也是他为什么毅然决然抛弃老母幼子的原因。“以躯借交报仇”这一任侠者秉承的原则，对后世影响极大，几近成为任侠者信守的不二原则。及至汉代，此风更甚，《史记·游侠列传》所载侠魁郭解便是以此方式发迹的典型代表。《汉书·游侠传》记载汉成帝时，侠魁萬章、箭张回、酒市赵君都、贾子光，都以大量豢养刺客类任侠者替人报仇解怨为专门营生。更有甚者，东汉时洛阳出现了组织化很高的“报仇公司”——“会任之家”，职业性的刺客数量极多，且

---

①《左传·昭公二十年》，杨伯峻：《春秋左传注》，中华书局，1990年，第1409页。

还深受侠魁的盘剥。

> 洛阳至有主谐和杀人者，谓之“会任之家”，受人十万，谢客数千。又重馈部吏，吏与通奸，利入深重，幡党盘牙，请至贵戚宠臣，说听于上，谒行于下，是故虽严令、尹，终不能破坏断绝。①

而哀公十六年讲述的白公胜政变事件，以及涉及到的勇士石乞，便是极具任侠特点的代表人物，他的做人信条和人生价值观念，较之后来的游侠、刺客，几无二致。

班固说：“周室既微，礼乐征伐自诸侯出。桓、文之后，大夫世权、陪臣执命。陵夷至于战国，合纵连横，力政争强。繇是列国公子，魏有信陵、赵有平原、齐有孟尝、楚有春申，皆藉王公之势，竞为游侠，鸡鸣狗盗，无不宾礼。”②由于政治领域内的争权夺利更趋白热化，仅存几个诸侯大国之间的争斗，也日甚一日。因此，各派政治势力为了巩固自己的既得利益都已发展到不择手段的地步。他们养死士有两种作用：第一，可以加强对国内其他政治竞争者的威慑力；第二，可以在国际间提高本国的地位，使诸侯不敢加兵。从这个意义上讲，任侠风气先天崇尚的暴力极大地迎合了统治者的口味，故而，他们才会不惜枉己屈尊、卑辞厚币礼贤下士，大量招养门客。其中，以武力见长者自然是“座上宾”。战国“四豪”养客，依仗其武力实现政治目的的典型事例，便能很好地

---

①《潜夫论·述赦篇》，王符撰《潜夫论》（汪继培笺），上海古籍出版社，1978年，第214页。

②《汉书·游侠列传》

说明这个问题。司马迁就说:“吾尝过薛，其俗闾里率多暴桀子弟”,“问其故,曰:‘孟尝君招致天下任侠,奸人入薛中盖六万余家矣。’”[①]后世流风遗俗尚且如此,当初更可想见。四公子如此大批地招养“天下任侠”,其目的便是“以相倾夺,辅国持权”[②]。

出于政治上的考虑,上层权贵交结豢养一技之长的勇士,以图报一己私怨或实现某种政治目的的例子举不胜举。信陵君交结的“大梁夷门监者”侯嬴,“市井鼓刀屠者”朱亥;[③]燕太子丹宾礼“好读书击剑”的荆轲,“善击筑者”高渐离及“燕之处士”田光;[④]还有,纯属政治权力之争而被利用的专诸、要离;[⑤]屡次三番为智伯报仇的豫让;[⑥]在权力斗争中被失败的严遂(严仲子)所雇佣杀死政敌的聂政,[⑦]这充分印证了司马迁在《游侠列传》中引用的一句时谚:“何知仁义,已飨其利者为有德。”有利可图,正是这些刺客、游侠的信条。《史记·孟尝君列传》记载的这样一则故事能更好地说明这个道理。孟尝君途经赵国,赵国人早闻其大名,都出来观看,因为孟尝君身材矮小,其貌不扬,大家看后,都笑他是“渺小丈夫”。孟尝君闻知,恼怒至极,为此睚眦之恨,他的食客、侠士们便抡起刀剑,“斫击杀数百人,遂灭一县以去”。这时的侠客,活脱脱成了杀人不眨眼的流氓、恶霸、刽子手。

总之,无论是卿大夫,抑或“战国四豪”,大量豢养门客,目的无非是要增加自己在政治权力天平上的砝码。《韩非子·八奸》:

①《史记·孟尝君列传》
②《史记·信陵君列传》
③《史记·魏公子列传》
④《史记·刺客列传》
⑤《吕氏春秋·士节篇》
⑥《战国策·赵策》
⑦《战国策·韩策》

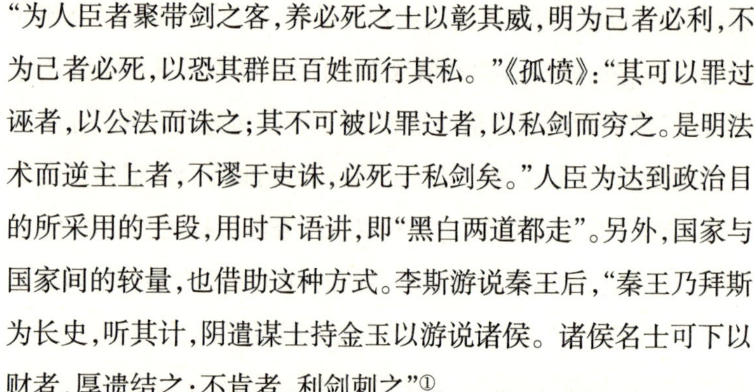

“为人臣者聚带剑之客，养必死之士以彰其威，明为己者必利，不为己者必死，以恐其群臣百姓而行其私。”《孤愤》：“其可以罪过诬者，以公法而诛之；其不可被以罪过者，以私剑而穷之。是明法术而逆主上者，不谬于吏诛，必死于私剑矣。”人臣为达到政治目的所采用的手段，用时下语讲，即“黑白两道都走”。另外，国家与国家间的较量，也借助这种方式。李斯游说秦王后，“秦王乃拜斯为长史，听其计，阴遣谋士持金玉以游说诸侯。诸侯名士可下以财者，厚遗结之；不肯者，利剑刺之”[1]。

西汉国家政治生活中，任侠者成为一种不可低估的政治势力。尤其在诸侯王发动的分裂、叛乱活动中，他们或作为中央王朝的异己力量，参与反叛者的活动，或成为朝廷镇压叛乱所必须倚重的特殊人物。文帝子梁孝王刘武“招延四方豪杰，自山以东游说之士莫不毕至”，曾“阴使人刺杀袁盎及他议臣十余人”。[2]景帝子江都易王刘非“好气力，治宫观，招四方豪杰”[3]。吴王濞谋反时，游侠周丘替叛军取下邳，“一夜得三万人”[4]。条侯周亚夫平叛时得侠魁剧孟，高兴地说：“吴楚举大事不求孟，吾知其无能为已矣。”[5]淮南王刘安谋反，伍被建议他“徒郡国豪杰任侠及有耐罪以上”[6]。

侠士的出现与上层统治者之间的政治斗争是紧密相连的，他们受当权者的政治庇护，乃至直接出面撑腰，自然变得“无法

①《史记·李斯列传》
②《史记·梁孝王世家》
③《史记·五宗世家》
④《史记·吴王濞列传》
⑤《史记·游侠列传》
⑥《史记·淮南衡山列传》

无天”起来。

(二)法制的疏漏

1. 复仇法的遗留

复仇，尤其是血亲复仇，在上古氏族社会即已有之，人类学家对野蛮部落的复仇现象就有丰富的记录与描述。史密斯讲到阿拉斯加的爱斯基摩人时说：“他们认为血仇是一种神圣的天职。经常发现有些人不敢去某些村庄，因为被他们杀害的某人的近亲就住在那里，他们在那里结下了血仇……”①“美洲的阿拉瓦克人鼓励以血复仇，所以往往事故中死一个人会使另一家满门被斩……维多利亚澳大利亚人的以血复仇的要求在杀死下手人所在部落的一个人——不管是女人还是小孩——后即可满。菲律宾的伊弋罗特人的复仇是这样实现的：如果一个男人杀死了其他部落的女人，那么这个男人所在部落的一个女人将代替他被杀。多雷巴布亚人的男人如果被其他部落的人杀死，那么整个部落都有为他复仇的义务。”②北非的努尔人亦是如此：“一旦死者的亲属得知他被杀的噩耗，他们便会伺机寻找杀人者来为死者报仇，因为复仇是父方亲属义不容辞的责任，它是所有义务中首当其冲的义务。如果亲属们没有尽力替死者复仇，那对他们来说将是莫大的耻辱。”③原始社会所形成的各种调整方式，诸如习惯、礼仪、风俗等，为法律的产生创造了前提。恩格斯在对北美易洛魁氏族的家族复仇习惯法考察之后指出：“一切问题，

①[英]G.埃利奥特·史密斯，《人类史》，社会科学文献出版社，2002 年，第 178页。

②[德]布鲁诺·赖德尔：《死刑的文化史》，生活·读书·新知三联书店，1992 年，第 21、22 页。

③[英]埃文思·普里查德：《努尔人：对尼罗河畔一个人群的生活方式和政治制度的描述》，华夏出版社，2002 年，第 177 页。

都由当事人自己解决，在大多数情况下，历来的习俗就把一切调整好了。”[①]英国法学家G.D.詹姆斯也说：“在一个法律体系的初创阶段，习惯往往对法律的发展起重要作用。”[②]家族复仇是因袭习惯以公法方式解决部落民事纠纷的法规。拉德克利夫·布朗就说：“在没有法律裁定的社会里，强加给个人的义务一般被看成是习俗，而不是法律。”他对复仇现象考察后指出：“这种报复行为是由习俗来规范的：报仇法要求使对方遭受的损害与自己所蒙受的损害相等，而集体休戚与共原则则允许复仇所杀的人不一定必须是真正的凶手。”[③]针对这种情况，为了防止冤冤相报的恶性杀戮持续下去，部落中也产生特殊的处理方式。马文·哈里斯便说：“在许多没有中央集权的社会里，要防止杀人事件发展成旷日持久的仇杀，正规的解决办法是：杀人者的亲属群把大量财富送交给受害人的亲属群。这种作法在游牧民族中特别普遍，也很有效。”[④]这实际上就是部落社会的“民法”。马林诺夫斯基曾精妙地阐述过这一现象：“（民法）是由一组有约束力的责任组成，一方认为是权利，对另一方就是义务，通过他们社会结构中固有的互惠和公开性这一特殊机制保证了其效力。[⑤]部落社会成员的权利与义务，也更多地体现在社会公共利益与个人利益的结合上，因而使得私法与公法常相互混杂起来，不能截然分开。恩格斯讲到易洛魁人时指出：

①［德］恩格斯：《家庭、私有制和国家的起源》，《马克斯恩格斯选集》第4卷，人民出版社，1972年，第92页。

②［英］G.D.詹姆斯：《法律原理》，中国金融出版社，1991年，第64页。

③［英］A.R.拉德克利夫·布朗：《原始社会的结构与功能》，中央民族大学出版社，1999年，第237、240页。

④［美］马文·哈里斯：《文化人类学》，东方出版社，1988年，第212页。

⑤［英］马林诺夫斯基：《原始社会的犯罪与习俗》，云南人民出版社，2002年，第37页。

> 同氏族人必须相互援助、保护，特别是在受到外族人伤害时，要帮助复仇。个人依靠氏族来保护自己的安全，而且也能作到这一点，凡伤害个人的，便是伤害了整个氏族。因而，从氏族的血族关系中便产生了那为易洛魁人所绝对承认的血族复仇义务。①

为本氏族的人复仇，是氏族每一个成员享有的基本权利和应尽的神圣义务，两者密不可分。

在中国，家族复仇的习俗一直延续到春秋时代。《礼记·檀弓》记子夏问居父母之仇，“子曰：‘寝苫、枕干、不仕，弗与共天下也，过诸市朝，不反兵而斗。’曰：‘请问居昆弟之仇如之何？’曰：‘仕，弗与共国，衔君命而使，虽遇之不斗。’曰：‘请问居从父昆弟之仇如之何？’曰：‘不为魁，主人能，则执兵而陪其后’”。《曲礼》、《大戴礼记·曾子制言》等都有类似的记载。《周礼·秋官·朝士》：“凡报仇者，书于士，杀之无罪。”只要到司法机关的公职人员朝士处登记，杀死仇人便是无罪的，说明到战国还给复仇留有很大余地。霍贝尔教授对原始法有经典论述：“在原始法的发展过程中，真正重大的转变——是在程序法上所发生的重心的重大转移，维护法律规范的责任和权利从个人及其亲属团体的手中转而作为一个社会整体的政治机构的代表所掌管。”②很显然，战国时中国法制还未能全部地完成这一转移，复仇仍然是被杀者

①［德］恩格斯：《家庭、私有制和国家的起源》，《马克思恩格斯选集》第4卷，人民出版社，1972年，第83页。

②［美］E.A.霍贝尔：《初民的法律：法的动态比较研究》，中国社会科学出版社，1993年，第8页。

亲属团体的责任和义务。

正如上述所论及的，礼制对复仇又采取宽容、甚或支持的态度，这与国家的法治精神是相悖的。钱大群先生说："复仇制度在产生之初，被包含及统一于'礼'之中。随着封建国家统治的确立，它的存在反映了'忠'与'孝'的矛盾，它既体现代表'私义'的孝礼对代表'公法'的国家法治的一种损害，而同时它又被作为在封建法治不能有效实施情况下的一种补救措施。总之，它是礼法结合的封建法制内在矛盾在法律制度上的表现之一。"①基于礼法结合的法制对复仇现象的默认和法制本身民事规范的薄弱，社会普遍地存在着复仇现象。《孟子·尽心下》："吾今而后知杀人亲之重也，杀人之父，人亦杀其父，杀人之兄，人亦杀其兄。"这无疑是孟子目睹众多复仇事件后发出的感慨。《韩非子·五蠹》："今兄弟被侵必攻者，廉也；知友被辱随仇者，贞也。廉贞之行成而君上之法犯矣。"这是当时社会现实的真实写照。复仇现象的普遍存在，极大地刺激了社会范围内任侠风气的滋生蔓延。由于战国血缘及其家族关系的松弛，当受害者亲属团体如无人复仇或复仇无助时，那些抱不平专为人报仇的游侠、刺客类人物便应运而生了。譬如，亡命吴国的伍子胥，为给死于楚平王之手的父兄报仇，四处招募"死士"；几次三番为故主智伯报仇的豫让；替魏王宠妃如姬除掉了杀父仇人的信陵君门客；以及"弟死不葬，悉以家财求客刺秦王，为韩报仇"的张良，等等。各种不同目的和方式的复仇现象，都与任侠风气相互混杂起来。《史记·刺客列传》介绍燕太子丹之所以遣人刺秦王的缘由是："燕太子丹

---

①钱大群：《中国法律史论考》，南京师范大学出版社，2001年，第169、170页。

者,故尝质于赵,而秦王政生于赵。其少时与丹欢。及政立为秦王,而丹质于秦。秦王之遇燕太子丹不善,故丹怨而亡归。归而求报秦王者,国小,力不能。”当然,这次行刺秦王的复仇行动,还夹杂着特定的政治目的,有着很浓厚的政治色彩,但不能不说,燕太子丹个人的受辱及其急切的复仇心理,是行刺活动得以迅速进行的重要因素。

两汉的复仇使法律秩序遭受严重破坏,出现了“子孙相报,后忿深前,至于灭户殄业”的惨状。“怨仇相残”在汉代被称为“七死”之一。[①]正如张国风所言:“民间的复仇行为既反映了社会的不平,也反映了民众对法律的失望。”[②]由于官府不能有效地担负起调解处理民事纠纷的应有职责,任侠者正是借助这种机会发展壮大起来的。他们一定程度上满足了民众的愿望,以政府权力之外的非法方式弥补了现有法律的不足。大致说来,他们主要通过两种途径解决民间社会的纠纷。一是“以躯借友报仇”,诸如郭解、原涉等皆以此方式发迹。《汉书·游侠列传》记载汉成帝时,侠魁萬章、箭张回、酒市赵君都、贾子光,都以大量豢养刺客替人报仇解怨为专门营生。更有甚者,东汉时洛阳出现了组织化很高的“报仇公司”——“会任之家”,职业性的刺客数量极多。[③]《三国志·魏志·闫温传》注引《魏略》:(杨阿若名丰),“少游侠,常以报仇解怨为事,故时人为之号曰:‘东市相斫杨阿若,西市相斫杨阿若’”。另一途径是出面调解民事纷争。《史记·游侠列传》载:“洛阳人有相仇者,邑中贤豪居间以十数,终不听,客乃见解(郭

①《后汉书·桓谭传》
②张国风:《公案小说漫话》,江苏古籍出版社,1992年,第29页。
③王符:《潜夫论·述赦篇》。

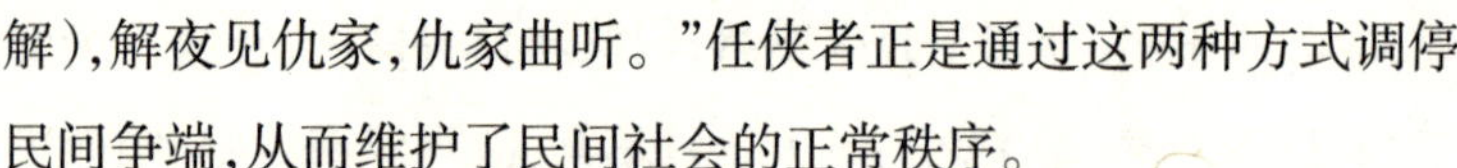

解)，解夜见仇家，仇家曲听。"任侠者正是通过这两种方式调停民间争端，从而维护了民间社会的正常秩序。

2. 法律教育方面的问题

（1）中国古代法律的性质对法律教育的影响。

《国语·鲁语上》："大刑用甲兵，其次用斧钺；中刑用刀锯，其次用钻笮；薄刑用鞭扑，以威民也。"鉴于军事与刑罚的这种关系，我国古代法多取鉴于军法，并且大多是刑法，所谓"兵刑不分"、"刑起于兵"讲的便是早期法律的这种渊源。韩非子说得很清楚："法者，刑罚也，所以禁强暴也。""法莫如刑而必。"[①]实际上，早期文献典籍的记载，也充分表明了古代法律的这一性质。《尚书·吕刑》："墨罚之属千，劓罚之属千，剕罚之属五百，宫罚之属三百，大辟之罚其属二百，五刑之属三千。"类似现代刑法典的"刑罚"部分，完全充满了暴力的色彩。

战国以来的"法治"，以维护专制主义国家利益为根本原则。徐忠明说："中国传统法律是一种'刑法中心'的法律样式。这一法律样式的基本宗旨，就是帮助专制君主进行暴力统治。因为法律只是专制君主实现暴力统治的工具。"[②]魏特夫也说："在专制皇帝看来，只有刑罚才是最高的主宰，也只有刑罚才能确保整个世界井然有序。"[③]法在专制社会，成了权力的派生物，是统治者手中可以随意运用的工具，是执行其专横意志的强暴手段。《管子·法法》："夫生法者，君也；守法者，臣也；法于法者，民也。"真切地表明了中国传统法律的性质。君主既是立法者又是最高司

①《韩非子·五蠹》
②何勤华主编：《法的移植与法的本土化》，法律出版社，2001年，第507页。
③［美］魏特夫：《东方专制主义》，中国社会科学出版社，1989年，第136页。

法人,他的意旨便是法律。国王可以根据需要随时发布各种命令,“天子诏所增损,不在律上者为令”①。因此,倘若对法律不敬者,便无异于冒犯君主的权威。《潜夫论·衰制》:“法者,君之命也……人君出令而贵臣骄吏弗顺也,则君几于弑,而民几于乱矣。夫法令者,君之所以用其国也。君出令而不从,是与无君等。主令不从则臣令行,国危矣。夫法令者,人君之衔辔箠策也,而民者,君之舆马也。若使人臣废君法禁而施己政令,则是夺君之辔策己独御之也。”西汉廷尉杜周的执法决狱,便是深得这种法律之精髓的典型事例。《史记·杜周传》记载,汉武帝时,廷尉杜周断狱,专门迎合皇帝旨意而不遵守法律,时人指责他何以“不循三尺之法,专以人主之意旨为狱”,他回答说:“三尺安出哉?前主所是著为律,后主所是疏为令,当时为是,何古之法乎?”杜周的话固然是自辩之词,但确实指出了封建专制统治下法律的本质。

正是基于传统法律的这种性质和地位,民众从一开始,便对以刑为主,只有义务,没有多少权利的所谓“法”,表达了最强烈的憎恶感和恐惧感,惟恐避之不及。对于如此性质的法律进行相关教育普及,也就显得步履维艰。正像D.布迪、C.莫里斯所言:“中国人最初是以明显的敌意来看待法律的,似乎法律不仅是对人类道德的背叛,而且也是对宇宙秩序的破坏。”②李力也说:“在古人的观念中,法不是好东西,避而远之是良策,对于法律,人们最关心的是承担什么义务,并牢记在心,以免误入法网而招致身陷囹圄之大祸。”③

①《汉书·宣帝纪》注。
②[美]D.布迪、C.莫里斯:《中华帝国的法律》,江苏人民出版社,1995年,第8页。
③李力:《出土文物与先秦法制》,大象出版社,1997年,第28页。

(2)法律教育中统治者的人为影响。

中国的立法司法活动产生很早。如《尚书·尧典》载帝舜以蛮夷猾夏,寇贼奸宄数款而命皋陶为“士”,担任部落联盟的立法者和司法人,皋陶不仅“造律”,而且还亲自“治狱”。[①]但那时根本谈不上什么法律教育。西周的法律因袭了前赋文化中的一部分“习惯法”,但处于秘密状态之中,不可能对广大民众实行法律教育及其普及。梅因说:“‘习惯法’以及它为一个特权阶级所秘藏的时代,是一个很值得注意的时代”,“这种专门为有特权的少数人所知道的法律,不论这少数人是一个等级,一个贵族团体,一个祭司团体,或者一个僧侣学院,是一种真正的不成文法”。[②]西周尽管有部分的成文法典,但将刑书“藏之盟府”,由专人负责保管[③],并不向社会公开,极力保持“刑不可知,威不可测,则民畏上”的神秘状态[④],原因就在于统治者惟恐法律公开以后,民有争心而诉讼滋蔓。因而,这一时期的法律教育仅局限于贵族特权阶层。就像瞿同祖所说:

> 他(贵族)明白秘密的价值,他决不肯将他的法律公开,致使被统治者明晓其内容。如果始终不揭露其秘密,则他的意志有更大的威权,他的命令就是法律,不容人怀疑,更不容人质问,人民安全在他的操纵中,统治更为彻底而积极。[⑤]

---

①《左传·昭公十四年》引《夏书》说:“昏、墨、贼、杀,皋陶之刑也。”

②[英]梅因:《古代法》,商务印书馆,1959年,第8页。

③《逸周书·尝麦解》:“维四年孟夏,王命大正正刑书,太史筴刑书九篇以升授大正,大正坐举书乃中降,再拜稽首,太史乃藏之盟府,以为岁典。”

④《左传·昭公六年》孔颖达疏。

⑤瞿同祖:《瞿同祖法学论集》,中国政法大学出版社,1998年,第217、218页。

郑国子产铸刑书，开法典公布之滥觞。[①]其后，晋国赵鞅和荀寅又将范宣子所写的“刑书”铸在鼎上[②]，从而打破了法律被少数人垄断的局面，使一般民众能得以知晓法律，促进了法律的普及。但必须明确的是，这些公布的刑书、律令，绝大部分属严刑峻法的刑法，也就是说，它是统治者统治手段的更换，对民众强调最多的是遵守和服从的义务，并没有确立更多权利的保护。邓析正是在这种法律背景下，作《竹刑》满足民众要求的。《吕氏春秋·离谓》：“子产治郑，邓析务难之，与民之有狱者约，大狱一衣，小狱襦袴。民之献衣襦袴而学讼者，不可胜数。”他除了私人讲授法律知识以外，还亲自帮人打官司，出主意，经常“以非为是，以是为非，是非无度，而可与不可日变。所欲胜因胜，所欲罪因罪”。他之所以能钻法律的空子，与法制本身不成熟，法律教育的简单化恐怕不无关系。邓析虽“好治怪说，玩琦辞”[③]，“然而其持之有故，其言之成理”，“操两可之说，设无穷之辞”。[④]

战国时期法家为推行“法治”，提出“以法为教”、“以吏为师”，法律教育始为国家重视。所谓“以法为教”，即要求官吏、百姓都必须学习法律；所谓“以吏为师”，即私人学习法律者都要向主管法令的官吏学习，由司法官吏宣讲、解释法律。由于当时法家多由政治家、军事家和思想家组成，身兼官私两重身份，因此，法家的法律主张较其他学派更容易得以贯彻执行，这种官师合一的法律教育体制，使得法律教育具有浓厚的官僚化色彩。尽管

①《左传·昭公六年》
②《左传·昭公二十九年》
③《荀子·非十二子》
④《列子·力命》

法家通过垄断法律教育、积极宣传法律的方式,取得了一定的成效。但是,由于统治者既为立法者又是天下乱法之魁首,个人的好恶严重影响了法律教育的价值导向,从而使得民间社会出现了大批"轻法"的"暴民"和"法盲"。关于这方面的记载,仅《韩非子》一书就不胜列举:

> 《诡使》:"法令所以为治也,而不从法令为私善者,世谓之忠……刑罚所以擅威也,而轻法不辟刑戮死亡之罪者,世谓之勇夫……故世之所以不治者,非下之罪,上失其道也。"
>
> "守法固,听令审,则谓之愚。敬上畏罪,则谓之怯……无二心私学,听吏从教者,则谓之陋。难致谓之正,难予谓之廉。难禁谓之齐。有令不听从谓之勇。"

这两段材料说明,统治者在法律教育活动中行为自相矛盾,没有真正担负起法律教育的职责,遵守法令的行为被讥讽为"愚"、"怯"、"陋"等,而违法乱纪者却备受赞扬,甚至整个社会舆论也予以支持这种不法行为,称之为"忠"、"正"、"廉"、"齐"、"勇"等。这表明社会道德观念异化的同时,统治者人为因素影响导致法律本身尊严的下降,乃至丧失。

> 《五蠹》:"今兄弟被侵必攻者,廉也;知友被辱随仇者,贞也;廉贞之行成而君上之法犯矣。人主尊贞廉之行而忘犯禁之罪,故民程于勇而吏不能胜也。"
>
> "儒以文乱法,侠以武犯禁,而人主兼礼之,此所以

乱也。夫离法者罪，而诸先生以文学取，犯禁者诛，而群侠以私剑养。故法之所非，君之所取，吏之所诛，上之所养也。法、趣、上、下，四相反也，而无所定，虽有十黄帝不能治也。”

上述材料将统治者在法律推行与普及中执行的“二重标准”显露无遗。一方面，国家强调“犯禁者诛”；另一方面，由于“人主尊贞廉之行而忘犯禁之罪”，使得干犯朝廷禁令的胡作非为者，因投统治者所好，而逍遥于法外，甚至成为他们的“座上宾”。在这种随意性很强的法律价值观下，法律教育变得无力乃至归于失败，便是显而易见的事了。

1975年湖北云梦出土的秦简《语书》称当时社会法治状况是：“法律未足，民多诈巧，故后有间令下者。凡法律令者，以教道（导）民，去其淫避（僻），除其恶俗，而使之之于为善毆（也）……今法律令已布，闻吏民犯法为间私者不止，私好，乡俗之心不变。”[①] “私”，反映那些不遵守法令的行为。《韩非子·诡使》：“夫立法令者，以废私也，法令行而私道废矣。私者，所以乱法也。”

这些敢于私斗、依武恃勇的“暴民”和“聚徒属，立节操，以显其名而犯五官之禁”的任侠者，正是钻了法律的这种空子而发展起来的。

3. 司法公正性问题

由于中国古代的法律，只是君主权力的特殊运用，本身并无独立地位，也谈不上至高无上（如希腊的自然法，中古之永恒法

①《睡虎地秦墓竹简》，文物出版社，1978年，第15页。

及近代之宪法),所以由此配套产生的司法制度,亦充满了随意性和不公正性。马克斯·韦伯说:

中国的司法制度也是完全围绕国家的政治权力来设立的,它是国家官僚机构的重要功能之一,完全掌握在各级官僚的手中,而不是由熟悉法律的专业人员按照一定的程序进行理性的操作,在具体的诉讼过程中更没有专业辩护人员的立足之地。(处于为帝国政治服务的缘由),在中国既没有产生规范的形式司法,也没有一种对任何人、任何阶层、任何地区均具有普遍适用性的法律制度,法律的彻底理性化和系统化更是根本无从谈起。在这种状况下,强大的国家权力和官僚机构完全取代了法律的功能,人们既没有形式上的权利,实质上的公正也难以保障。①

司法公正是人类追求的理想目标之一,也是一个古老而常新的话题。早在氏族社会中,就出现了替那些在司法过程中处于不利地位的孤苦无告者伸张正义的侠士:

(在科曼奇),没有亲属为其撑腰的受害人会向某些勇敢的、名闻遐迩、威震四方的大侠屈膝求援,诉说冤情。名闻遐迩、威震四方的侠士受到恳求,便将案子承接过来,并以受害方的名义提起诉讼,这是他得以击

---

①刘宗坤:《诸神时代的智者:马克斯·韦伯》,河北大学出版社,1998年,第84、95页。

> 败后起的自命不凡的武士的一次极好的机会，他在服务于社会普遍公益而不是损害它的同时，也实现了自我夸耀的目的……插手于其中的那位侠士作为法律争讼的一方面行为，他不做任何裁决和调停。他的目的就是在可能的情况下强制被告依据受害方所要求的数额支付赔偿金。如果赔偿金不能如愿以偿，他个人会尽一切所能，用各种暴力方式来惩罚被告，如果有必要他会施以极刑。①

扶危济困、抱打不平的侠士角色之所以会出现，是由于社会弱势群体的强烈渴求所致。进入文明社会后，由于人类政治上的不平等和经济上的贫富分化日益加剧，这种需要不但没有完全减弱，反之更胜于前。尽管司法机关借助国家机器的作用努力主持公道，但是由于中国古代的司法系统只是国家行政机关的从属单位，加之在司法执行过程中，官吏的贪赃枉法行为导致的民众极度不满情绪，全都会诉诸于政府权力之外的异己力量，任侠者正是在这种背景下担当这一特殊社会角色的。章太炎说："天下乱也，义士则狙击人主，其他借交报仇，为国民发愤，有为鸱枭于百姓者，则利剑刺之，可以得志。当世之平……刑轻而奸谀恒不蔽其辜，非手杀人，未有考竟者也……法律不得行其罚……当是时，非刺客而巨奸不息，明矣。"②骆玉明则分析得更为透彻：

①[美]E.A.霍贝尔：《初民的法律：法的动态比较研究》，中国社会科学出版社，1993年，第151页。

②章炳麟：《儒侠》，载《訄书详注》（徐复注），上海古籍出版社，2000年，第73页。

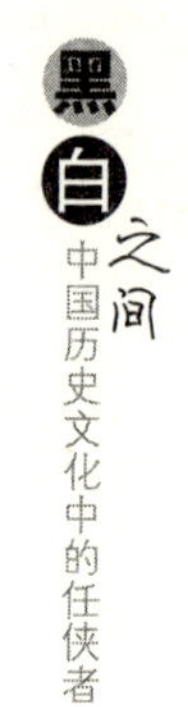

> 侠之立世存身，大抵重快意而尚豪迈，不欲琐琐鄙鄙，曲意顺人，其重然诺，轻货财，拔人于厄难，曾不虑生死，则尤为世所称羡者，以中国旧时情形论之，法律常粗疏而官吏多贪暴，民间群体遂不能不自行组织，相为维护。而人谁无缓急，当困厄之际，官府莫能解，亲戚不能济，则有望于友明，有望于陌路中持刀行义之人，亦自然之情。①

社会弱势群体的存在一直是社会的现实状况，国家如果不能从根本上去保障他们的权利，本身就会构成社会潜在的危机。他们不能够通过政府公正的司法程序来解决纠纷、争端时，或者会发愤一击，或者借助政府之外的其他力量来达到自己的目的。东汉时，酒泉赵娥为父报仇之事，便反映了这种情况。

> 酒泉庞淯母者，赵氏之女也，字娥。父为同县人所杀，而娥兄弟三人，时俱病物故，仇乃喜而自贺，以为莫己报也。娥阴怀感愤，乃潜备刀兵，常帷车以候仇家。十余年不能得，后遇之都亭，刺杀之。②

赵娥的父亲为人所杀，十余年中，竟没有官府介入处理此事，司法制度的缺漏及其执行无力，可知大概。《苏不韦传》也记载苏不韦为报父仇，“尽以家财募剑客”。《酷吏列传》说渔阳泉州人阳球，“郡吏有辱其母者，球结少年数十人，杀吏，灭其家，由是

①汪涌豪:《中国游侠史·序二》,复旦大学出版社,2001年。
②《后汉书·列女传》

知名”。因此,社会上出现“以报仇解怨为事”的任侠群体,便不足为奇了。上面提到的郭解、朱云、萬章、箭张回、酒市赵君都、贾子光、原涉、杨阿若等,都属此类。钱大群先生一针见血地指出:“‘复仇’彻底消亡的前提是:国家的司法做到有罪必罚,罚必公正,使‘复仇’客观上成为不必要。”①从本质上讲,现代法律正是依据了这种精神制定的,有些法学家就说:“在某种意义上,任何法都是一种报复,只不过现代法作为文明的报复采取了更优越和更精确的形式,使报复成了包含在犯规行为内的一种自身的因素,报复的量和质与犯规的量和质和谐地统一起来。”②

(三)社会性信任危机导致的结果

“信”作为社会道德观念,春秋时屡屡被人们提及,无论是国家与国家间政治外交活动中出现的“会”、“盟”、“誓”、“质”之类的形式,还是体现在人们日常生活的言语之中。之所以会出现这样的情况,就是因为春秋时,信任日衰,已普遍成为一种社会问题,它表现在社会生活的各方面:首先,以列国外交关系为例,春秋 242 年,战争多达 483 次,诸侯朝聘会盟也有 450 次。③以“信”为特征的“盟”、“会”等被广泛应用,所谓“不协而盟”就是通过盟会的方式相互取信,这本身就是列国间信任关系开始丧失的一种表现。《公羊传》:“古者不盟,结言而退。”《穀梁传》也说:“浩誓不及五帝,盟诅不及三王,交质子不及五伯,且盟非礼。”因而,这一时期,背盟弃信的事屡屡发生,甚至常常成为战争的导火线。例如郑国处在两大强国晋、楚之间,常被迫与两国交替结

①钱大群:《中国法律史论考》,南京师范大学出版社,2001 年,第 169 页。
②蒋德海:《伦理文明,还是法治文明》,华东师范大学出版社,2001 年,第 19 页。
③朱绍侯主编:《中国古代史》(上册),福建人民出版社,1982 年,第 137 页。

盟。其次，在君臣之间。服虔注左氏云："古者始仕，必先书其名于策，委死之质于君，然后为臣，示必死节于其君也。"[1]君臣间通过这种方式建立的信任，是政治道德的一种约束机制。春秋时，破坏这种政治道德的例子比比皆是，司马迁说："春秋之中，弑君三十六。"可见，这个时期君臣间的政治信任机制遭到很大破坏。最后，国家与民众也是信任日衰。《左传》僖公二十九年："信，国之宝也，民之所庇也。得原失信所亡滋多。"昭公十五年："若其弗赏，是失信也，何以庇民？"定公十四年："谚曰：'民保于信'，吾以信义也。"《国语·齐语》："忠信可结于百姓。"《晋语》："晋饥，公问于箕郑曰：'救饥何以？'对曰'信'。公曰：'安信？'对曰：'信于君心，信于名，信于令，信于事？'公曰：'然而若何？'对曰：'信于君心则美恶不渝，信于名则上下不干，信于令则时无废功，信于事则民从事有业。于是乎民知君心，贪而不惧，藏出如入，何匮之有？'"统治者反复强调"信"，间接地反映了民众对上层统治集团的信任不足。《左传》僖公二十七年："子犯曰：'民未知信……于是乎伐原以示之信。'"晋文公将唾手可得的原主动放弃，无非是向民众标榜政治信用。商鞅变法，初"惧民不信"，立一木，说如有搬移者便予以奖赏，也是类似建立政治信任的举措。

顾炎武说："春秋时期尊礼重信，而七国绝不言礼与信矣。"[2]战国时期，面临日益加剧的社会竞争，背信弃义，欺诈虚伪已成为人际斗争的通用手段。苏秦和燕王的一段对白，道出了信任丧失的奥秘所在：

---

①《史记·仲尼弟子列传》索隐引。

②顾炎武：《日知录·周末风俗》。

(苏秦说:)"臣之不信,是足下之福也。使臣信如尾生,廉如伯夷,孝如曾参,三者天下之高行,而以事足下,可乎?"燕王曰:"可",曰:"有此臣亦不事足下矣……信如尾生,期而不来,抱梁柱而死。信至如此,何肯扬燕秦之威于齐而取大功乎哉?且夫信行者,所以自为也,非所以为人也;皆自覆之术,非进取之道也。且夫三王代兴,五霸迭盛,皆不自覆也。"①

真正守"信"的行为,这时被看做无用的"自覆之术",信任的缺失亦非短期所致。

社会学家郑也夫在《信任论》一书中专列一章讨论信任与秘密社会的关系。他指出,秘密社会及其他社会成员对信任有着强烈的需要,本来这种需要可以通过正常规范的社会组织方式来满足,但往往由于政府机构及其职能的不健全而得不到满足,因此人们不相信用常规的法律的方式来解决面临的现实问题,转而求助于秘密社会甚至黑社会。他举意大利西西里黑手党为例予以具体分析:在西西里,发生偷盗时,如向警方报告,75%没有回应,15%能找到罪犯,只有 10%能追回赃物;如找黑手党调节,只有 5%未获成功。当然被盗人要拿出被盗财产的 1/3 至 1/4 供调节人与盗贼瓜分。研究结果表明,黑手党兴盛的原因就是该地区信任普遍缺失。②资料显示,在世界其他国家也同样存在着这种现象。例如在日本,据官方一项调查报告表明,20~30 岁采访者中,有 22.8%的男性、16.7%的女性表示,请帮会分子"摆平"民事纠

①《战国策·燕策》
②郑也夫:《信任论》,中国广播电视出版社,2001 年,第 154~168 页。

纷是“无可避免的事”,或“不一定是坏事”。当被问及为何容忍帮会分子或求助于他们时,2/5 的受访者答称:一是民事纠纷交由法庭审理,旷日持久;二是报警很麻烦;三是帮会办事“有效率”。[①]

通过社会学家对信任危机的研究,我们完全可以看出,任侠者盛行于春秋战国,也是对当时社会普遍缺失信任的直接反映。《史记·游侠列传》中称赞游侠信守诺言的品德说:“其行虽不轨于正义,然其言必信,其行必果,已诺必诚,不爱其躯,赴士之厄困,既已存亡死生矣,而不矜其能,羞伐其德,盖亦有足多者焉。”任侠者视“诚信”远重于自己的生命。替故主智伯报仇为终极目的的豫让,皆因“智伯以国士遇臣”,出于如此的厚爱与信任,所以他说:“士为知己者死。”[②]刺杀严遂(严仲子)政敌韩傀的聂政,行刺的理由极简单:“政乃市井之人,鼓刀以屠,而严仲子乃诸侯之卿相也,不远千里枉车骑而交臣……然是深知政也。”[③]齐国晏婴平日结交的侠士北郭骚,用自杀行动来向齐君说明晏婴的无辜,这是因信任而导致的又一任侠事例。[④]信陵君平时善遇的屠者朱亥答谢他的关爱与信任时说:“臣乃市井鼓刀屠者,而公子亲数存之,所以不报谢者,以为小礼无所用。今公子有急,此乃臣效命之秋也。”[⑤]推荐荆轲给燕太子丹的侠士田光,当太子将刺秦王的计划告诉他,并叮嘱“勿泄”时,他感到作任侠者的“诚信”受到怀疑,便用自杀的方式来表明气节。他临死前这样表白:“吾闻之,长者为行,不使人疑之。今太子告光曰:‘所言者国之大

①王顺安主编:《中国犯罪原因研究》,人民法院出版社,1998 年,第 228 页。
②《战国策·赵策》
③《战国策·韩策》
④《晏子春秋·内篇杂上》
⑤《史记·魏公子列传》

事也,愿先生勿泄。'是太子疑光也。夫为行而使人疑之,非节侠也。"①郑也夫说:"秘密社会的成员持有与主流社会不同的价值观。""秘密社会生存在政府管辖的大系统中,不逃脱在其之外,而是在其内建立自己的与主流价值观对立的小系统,在对立的同时谋求尊严并努力披上合法的外衣。"②任侠者坚持"言必行,行必果"的任侠精神,既是对前赋文化中"诚信"的继承,更多的则是社会需要所使然。

汉代的任侠者对"诚信"的看重,也大抵如斯。尤其是组织化了的任侠者群体中的侠魁,更是如此。朱家"专趋人之急,甚于己私",因而他获得了社会成员的普遍赞赏和信任。所谓"季布一诺,千金难求",则更是道出了任侠者守信用带来的巨大社会影响力。信任成为任侠者成员内部之间以及与其他社会成员之间紧密联系的纽带,同时,这也形成了任侠者组织内部的一种约束机制。郑也夫说:"(秘密社会的)首领是特殊的权力持有者,他对权力的追逐不是遵循合法的渠道,而是靠着在其系统内充当垄断性保护人,在社会上充当调停人。"③郭解、萬章、陈遵、原涉等充当的便是这种特殊的社会角色。

综上所述,春秋战国至秦汉间任侠风气的逐步盛行,大致是这些文化要素相互作用的结果。

三、墨家学派与任侠者的关系

墨家学派与任侠者的联系和区别,主要表现在以下三个方面:

其一,墨家是独立性很强的学派之一,它有自己的政治主张和理论纲领。《墨子》中的《尚贤》、《尚同》、《兼爱》、《非攻》等诸篇

①《史记·刺客列传》
②③郑也夫:《信任论》,中国广播电视出版社,2001年,第155页。

最能表明墨家的“主义”与“治国之道”。墨子是位“摩顶放踵利天下而为之”①的政治家,他要求天下人“兼相爱,交相利”,这也是墨家在理想上所要达到的终极目标。侠士则没有系统的政治主张,他们关心政治,是针对现实问题作出的选择,他们甚至不问政治上的是与非,完全从自我价值判断或出于瞬间感情上的喜恶的角度出发,参与政治事务。

其二,墨家极具宗派特点,甚至带有浓厚的宗教色彩,尤其是内部实行的“钜子制度”,充分体现了组织的严密性和群体的秩序化。《淮南子·泰族洲》:“墨子服役者百八十人,皆可使赴汤蹈刃,死不还踵,化之所致也。”能使徒众成为如此视死如归的“敢死队”,足见墨家能有效地控制思想,达到所有成员的严格自律。《吕氏春秋·上德篇》:

> 墨者巨子孟胜,善荆之阳城君。阳城君令守于国,毁潢以为符约,曰:“符合,听之。”荆王薨,群臣攻吴起兵于丧所,阳城君与臣。荆罪之,阳城君走,荆收其国。孟胜曰:“受人之国,与之有符,今不见符,而力不能禁,不能死,不可!”其弟子徐弱柬孟胜曰:“死而有益阳城君,死之可矣。无益也,而绝墨者于世,不可。”孟胜曰:“不然。吾于阳城君也,非师则友也,非友则臣也。不死,自今以来求严师必不于墨者矣,求贤友必不于墨者矣,求良臣必不于墨者矣。死之,所以行墨者之义而继其业者也。我将属巨子于宋三襄子。田襄子,贤者也,何患墨者之绝世也?”徐弱曰:“若夫子之言,弱清先死以除

①《孟子·告子下》

> 路。"还殁，头前于孟胜。因使二人传巨子于田襄子。孟胜死，弟子死之者百八十三人，以致令于田襄子，欲反死孟胜于荆。田襄子止之曰："孟子已传巨子于我矣，当听。"遂反死之。

这种重信用、轻死生的精神，与侠士极为相似，难怪许多学者误认为侠源自墨家。事实上，战国的侠士缺乏墨家那样的组织性，他们既可以独自行侠于闾巷之间，又可以寄食权贵门下，或者仅凭自己的道德标准和行事原则，周旋于市井，处于游离状态。

其三，墨家有自己的军事思想，对战争进行过系统研究，并且还积极培养成员的作战意识，提高整体的战斗能力。墨子尽管一再地倡导"兼爱"、"非攻"的政治主张，但国与国之间日渐趋向白热化的战争，迫使他关注军旅之事。俞樾说："墨子惟兼爱，是以尚同，惟尚同，是以非攻，惟非攻，是以讲求备御之法。"[①]可谓一语中的。《墨子·备城门》以下诸篇，都是关于防御战略战术及防御工事的设计，是先秦时期总结性的防御专著。墨子更注重战术研究，特别强调因地制宜，灵活作战，从这个意义上称他为我国古代军事工程的防御专家之一，决不为过。墨家徒众的作战技术及能力，文献中有明确记载。《墨子·公输篇》讲公输盘为楚国攻宋造登城之云梯，墨子闻知，赶往劝阻，在经过一番辩驳与战略战术演示后，公输盘不能取胜。《鲁问篇》又载：鲁人有因其子学于墨子者，学而成，战而死，其父责怪墨子。墨子举例说，这好比卖粮食，照你的意思卖出了，而你反而发怒，这不是有悖于常

---

①俞樾：《墨子间诂序》

理吗？由此可知墨家对军事的重视程度，这既表现在墨家的思想方面，又体现于实际的操作技能上。侠者明显不具备这一特点，充其量，不过是匹夫之勇。

同时，我们必须注意到，侠与墨是有联系的。战国社会的剧烈变迁，社会整合产生出的新兴社会风气，都不同程度地体现在墨家与侠的身上。侠与墨都尚勇重武，轻死生、重然诺，都说明这种观念是社会肯定，乃至推崇的，从而也间接地表明，任侠之风的兴起绝非偶然现象，它的产生是社会现实需要的一种表达结果。

四、任侠者的社会来源

从当时的社会阶层看，社会成员自上而下，都受到侠风的影响。侠客的产生，来自于社会各个阶层。为了分析方便起见，现将诸多社会阶层分为两大部分来探讨。

（一）社会上层

司马迁在《游侠列传》中说："近世延陵、孟尝、春申、平原、信陵之徒，皆因王者亲属，籍于有土卿相之富厚，招天下贤者，显名诸侯，不可谓不贤者矣。比如顺风而呼，声非加疾，其势激也。主如闾巷之侠，修行砥名，声施于天下，莫不称贤，是为难自。然儒、墨皆排摈不载。自秦以前，匹夫之侠，湮灭不见，余甚恨之。"据此，钱穆先生认为："史公特指孟尝、春申、平原、信陵为侠，至其所养，则转不获侠称；故曰：'匹夫之侠，湮灭不见。'则侠乃养私剑者，而以私剑见养者非侠。故孟尝春申平原信陵之流谓卿相之侠，朱家郭解之流谓闾巷布衣之侠，知凡侠皆有所养，而所养者则非侠。"[①] 今人对这一说法，赞成者有之，如章培恒、陈广宏

①钱穆：《释侠》，《中国学术思想史论丛》（二），《钱宾四先生全集》（18），联经出版社（台北），1996 年，第 279 页。

等[1];反对者亦不乏其人,如江淳。[2]到底钱穆先生所言的"卿相之侠"与"闾巷之侠"及"私剑"之间是怎样的关系呢?我们还须从时代特征入手,结合相关文献,作详细考察。事实上,史公所述"战国四公子"等卿相为侠的情况,是当时社会现状的真实写照,不特"战国四豪"为侠,当时的国君也受侠风影响,《韩非子》便可为证。另外,关于"私剑"与"游侠"的区别,实质上体现的是侠的来源与自由身份的程度,同时也反映出侠在政治活动中的作用。无论是卿相为侠,还是布衣出身的侠客,都受成型任侠之风的浸染,遵循任侠的道德标准和行事原则。否则,豫让行刺赵襄子,不会屡次说"士为知己者死"的信条,原因就在于侠者已打破现实的等级差别,追求人格上的平等和获得相互的尊重,从这个意义上讲,卿相为侠的提法也非怪论,"私剑"也不是截然与"游侠"分开的两类人。韩非曰:"儒以文乱法,侠以武犯禁,而人主兼礼之,此所以乱也……犯禁者诛,而群侠以私剑养。""废敬上畏法之民,而养游侠私剑之属……国平养儒侠,难至用介士,所利非所用,所用非所利……是世之所以乱也。"从韩非对国君养私剑游侠的抨击中,反映出二者与政治生活的紧密联系,从而从反面证明上层社会对侠风的钟爱与参与。

(二)社会下层

尽管司马迁说:"古布衣之侠,靡得而闻已。""至如闾巷之侠,修行砥名,声施于天下,莫不称贤,是为难耳。然儒墨皆排摈

①章培恒:《从游侠到武侠——中国侠文化的历史考察》,《复旦大学学报》(社科版),1994年第3期;陈广宏:《关于中国早期历史上游侠身份的重新检讨》,《复旦大学学报》(社科版),2001年第6期。

②江淳:《试论战国游侠》,《文史哲》,1989年第4期。

不载。自秦以前,匹夫之侠,湮灭不见,余甚恨之。”[①]但战国下层社会成员为侠者的事实,仍或多或少地能从现存文献中钩辑出来。譬如,魏国大梁夷门监者侯嬴、屠狗者朱亥;赵国的博徒毛公、卖浆者薛公;燕国的屠狗及善击筑者高渐离、隐士田光;卫国论剑者荆轲;杀人避仇逃往齐国的鼓刀屠者聂政;以及织网贩草履的齐人北郭骚等。[②]这些社会地位低下,处于贫贱之列,活动于民间同里市井之中的侠者,虽操持贱业以求生计,但重然诺、轻生死、立气节的侠客风范丝毫未受影响。需要提及的是,受社会存在的任侠之风的影响,战国社会下层中的一部分成员虽未发展成侠客,却也具备了侠的一些特征。比如释难解纷而无所取的鲁仲连[③];弃官救友的虞卿[④];身为布衣,死犹不背齐的王歜[⑤];全父子之义,免国难而死者缩高等[⑥],这都反映了战国底层社会民众的任侠精神,是该时期社会风尚的侧影之一。

之所以出现整个社会的尚侠气氛,这与春秋战国时期的政治和社会背景密切相关。春秋战国之际,周室道衰,王纲解纽,由于国家自身控制的松弛,上至王侯公室,下至庶民百姓,其自由活动空前频繁。春秋末期社会的大动荡,不仅是“栾、郤、胥、原、狐、续、庆佰(等贵族)降在宅隶”[⑦],而且,所谓“公食贡,大夫食邑,士食田,庶人食力”的社会等级秩序遭到严重破坏[⑧]。由于以

①《史记·游侠列传》
②《晏子春秋·内篇杂上》、《吕氏春秋·士节篇》略同
③《史记·鲁仲连邹阳列传》
④《史记·范雎蔡泽列传》
⑤《说苑·立节篇》
⑥《战国策·魏策》
⑦《左传·昭公三年》
⑧《国语·晋语四》

往世袭贵族制的崩溃和平民阶层的崛起，在这一时期，社会上出现了一大批没有任何门第背景的游民阶层。这些游民阶层，成分复杂，职业各异，他们为应付现实生计，或辗转流离于各国，多方谋生；或凭一技之长，寄食于贵族豪门。这种寄食者性质，促使当时诸侯贵族力图通过招养大量的士而使自己的势力壮大扩延。《左传》文公十四年载齐公子商人"多聚士"，襄公二十年载"怀子好施，士多归之"，都是当时社会现实的真实反映。实际上，不仅仅是当时的"士"，其中还包括了许多社会下层成员。后来，这一范围更得以扩展，各种人物都以"客"的身份寄居豪门。以战国四公子为例，"是时齐有孟尝，魏有信陵，楚有春申，故争相倾以待士"①。《史记》载，魏信陵君多"客"，赵平原君"喜宾客，宾客盖至者数千人"。齐孟尝君宾客多至三千人以上，其中不乏"鸡鸣狗盗"之徒者，楚春申君亦有客三千余人。由于国家控制的极度松弛，社会上大量自由身份游民的出现，寄食性质的门客舍人急剧增加，诸侯国并立的现实政局，客观上为社会成员的自由流动与谋生提供了活动的空间，也给任侠之风的产生创造了有利的条件。上述提及的孟尝君招天下任侠"奸人入薛中盖六万余家矣"，即是显著一例。②无论孟尝君招致的任侠者成分多么的复杂，但这些"诸侯宾客"及"亡人有罪者"的得势，无疑助长了任侠风气的普遍蔓延，从而改变了原来的社会风尚，影响了社会群体的整体生活。这正如王夫之所言："民乍失侯王之主而无归，富而豪者起而邀之，而侠遂横于天下。"③

①《史记·平原君虞卿列传》
②《史记·孟尝君列传》
③《读通鉴论》卷三

第二章　任侠精神的最初形成与确立

唐李德裕在《豪侠论》中说："夫侠，盖非常人也，虽然以诺许人，必以节必为本。义非侠不立，侠非义不成。"①苏轼在《留侯论》中也说："古之所谓豪杰之士者，必有过人之节。"这些论述无非是表明任侠者是有着自己独特的道德标准与行为规范的。

一、朋友有信

东周社会，宗法制遭到前所未有的破坏，宗族渐至解体，代之的是个体家庭的兴起并最终发展成为社会最小的基本组织单位，社会关系也发生了变化，君臣、朋友等组织及其相互关系均朝着非血缘化方向演进，血缘纽带逐步瓦解，带来的结果是，新的道德规范如雨后春笋般地纷纷产生出来；同时，许多旧有的伦理规范，被赋予了新的时代意义，重新发挥着作用。"信"的观念变迁便是如此。据阎步克先生研究，"信"最早见于西周时期，但不为人所重，作为表示讲信用、信守诺言的品德，始盛于春秋。起初是作为政治外交方面，诸如"会"、"盟"、"誓"、"质"之类政治行为的道德信条，随着君臣宗法血缘纽带的松弛，君臣之间也发展

①《李卫公外集》卷二

起“信”的观念,“信”便成为君臣关系的基本道德范畴。春秋以降,面临社会日益加剧的生死存亡竞争,背信弃义、欺诈虚伪已通用为斗争手段,“此时,人对信义的要求大大加强了,失信遭谴责,守信被赞美,盟誓广泛应用,‘信’的行为规范和道德舆论大大发达起来。正如‘六亲不和有孝慈,国家昏乱有忠臣’,失信可能性之大与信义价值之高,恰如一对孪生姊妹”[①]。这种分析与说明是有根据的,《左传》、《国语》有关君臣有信的记载不胜枚举。

其他相关文献,也对“君臣有信”作了说明。服虔注左氏云:“古者始任,必先书其名于策,委死之质于君,然后为臣,示必死节于其君也。”[②]君臣们通过这种方式建立的信任,是政治道德的一种无形约束机制。春秋战国,君臣之间渗入的这种“信”的观念,表现是多方面的,其中“有罪不逃刑”便是这种观念的外延,晋国的庆郑、魏绛,楚国的奋扬等,即是例证。《左传》僖公十四、十五年载,庆郑屡谏晋侯未果,及秦晋交战,晋侯危难中急召唤庆郑救助,庆郑严辞驳晋侯之误,加以拒绝。秦与晋和,有人因此劝庆郑离国却行,庆郑以君臣之理予以回绝,晋侯回国杀庆郑而后入。又,襄公三年载,魏绛因晋侯之弟扬干的乱行而戮其仆,晋侯怒,魏绛不惧危险,自投书于晋侯并欲以死明志,晋侯读其书,赤脚而出赦免了魏绛。再,昭公二十年载,楚平王使城父司马奋扬杀太子建,奋扬违背楚王意旨,放走太子,自己却返回复命,并据实以告。上述庆郑、魏绛、奋扬三人的行为,确确实实地体现了“君臣有信”这一道德规范,是“有罪不逃刑”观念的忠实

---

①阎步克:《春秋战国时“信”观念的演变及其社会原因》,《历史研究》,1981年第6期。

②《史记·仲尼弟子列传》索隐引

履行者。

“信”作朋友规范，始见于孔子师徒，查昌国说：“到孔墨之世，朋友由西周的族人演变为以士为基本成员的社会群体。”①这种朋友主体的变化，也反映在“信”作为道德观念的变迁上。孔子曰“朋友有信”，子夏讲“与朋友交，言而有信”，曾子则列“与朋友交而不信乎”为每日三省的内容之一，都说明“信”在此时已被列为友德中的一项。

任侠之风肇始之初，王侯大夫所豢养的刺客、勇士们，也深受“信”的长期浸润。《左传》宣公二年载欲刺杀赵盾的鉏麑，在深陷忠信两难的尴尬状况下，叹曰：“贼民之主，不忠；弃君之命，不信。”可见，“信”的观念已深入其心而不能自拔。值得注意的是，后来侠士的任侠道德标准承继了这一观念并纳故而出新，将“信”的观念赋予朋友之道，并推延这种关系于任侠者主体，成为友德之一，尽管这与孔、墨等家的友道标准仍有区别。《史记·游侠列传》中称赞游侠信守诺言的品德说：“其行虽不轨于正义，然其言必信，其行必果，已诺必诚，不爱其躯，赴士之厄困，既已存亡死生矣，而不矜其能，羞伐其德，盖亦有足多者焉。”侠者对“诚信”的守持，大抵如斯。这种事例，也多不胜举。如荆轲、田光等与燕太子丹商议刺秦王的然诺，信陵君窃符救赵的故事等。

二、士为知己者死

“士为知己者死”的观念最集中地体现了侠的报恩心理，以及他们对自我实现、自我尊重目标的追求。侠者都遵奉受恩图报、厚酬知遇之义的道德标准，这是典范政治下产生的特有心

①查昌国：《友与两周君臣关系的演变》，《历史研究》，1998年第5期。

理。常金仓先生在讨论中国早期国家产生方式时说，由施舍赠财产生的民众首领，进一步巩固统治的措施依然是通过恩德施舍来笼络民众，这就反过来要求人民对这种施舍感恩戴德、知恩图报，历久逐渐形成了政治传统和政治道德规范。①这种业已存在的前赋文化，自然影响了东周社会士人的道德观念。“士为知己者死”便是在典范政治作用下，由施恩图报意识观念逐渐衍生出来的道德观念。

同时，“士为知己者死”的侠者标准又反映了侠士对自我尊重、自我实现需要目标的追求。20世纪心理学大师马斯洛（A·Maslow）已获公认的需要层次理论，可作为考察侠客们这种道德观念的理论参照。马斯洛的需要层次理论包括五个层次的需要，即生理的需要、安全与保障的需要、爱与归属的需要、自我尊重和他人尊重的需要以及自我实现的需要。其中，自我尊重和对他人尊重的需要乃是人的基本需要的范畴，这种需要是人自我实现的前提。侠者“士为知己者死”的道德信条，亦是两个最高需要层次的直接反映。屡次三番为晋智伯报仇的豫让，当赵襄子责问他也曾事范中行氏为主人，为何不替范中行氏报仇的缘故时，豫让答曰：“臣事范中行氏，范中行氏以众人遇臣，臣故众人报之。智伯以国士遇臣，臣故国士报之。”②这种报仇行为背后的伦理道德标准，豫让也一语中的：“士为知己者死，女为悦己者容。”这种心理带有普遍性。又如在权力斗争中失败的严遂（严仲子），厚币卑辞恳求聂政刺杀自己的政敌韩相韩傀，起初聂政以老母

①常金仓：《穷变通久——文化史学的理论与实践》，辽宁人民出版社，1998年，第148~164页。

②《战国策·赵策》

在，未加许诺，后来等到其母以终天年，聂政果行其事，理由也极简单："政乃市井之人，鼓刀以屠，而严仲子乃诸侯之卿相也，不远千里枉车骑而交臣……然是深知政也……政将为知己者用。"[①]再比如荆轲，当行刺秦王嬴政败局已成定势时说到："事所以不成者，以欲生劫之，必得约契以报太子也。"可见，报恩心理与自我尊重、自我实现需要相互的交织，是出现"士为知己者死"这一任侠道德观念的最主要原因。无论是豫让以"国士报之"的行事原则，或者是聂政、荆轲的"士为知己者用"的侠者道德观念，都能充分说明侠士与"知己者"之间是讲究相互尊重的，也唯有在此基础上，侠客才会帮他们排忧解难，同时实现自我的价值追求；而这两种较高层次的需要，又与传统社会典范政治下的报恩心理相互契合，于是乎，侠者的如此极端行为与道德观念，备受社会成员的肯定，乃至赞颂。任侠风气的兴盛，便非咄咄怪事了。豫让行刺的对象赵襄子，肯定豫让的行为说："彼义士也，吾仅避之耳。且智伯已死无后，而其臣至为报仇，此天下之贤人也。"[②]齐晏婴见疑于国君，准备出奔，他平日善结交的侠士北郭骚，用自杀行动向齐君说明晏婴的无辜，齐国上下为此而震惊，齐君亲自驾车将晏婴追回。[③]由此可见，侠士这种令人震骇的偏激行为，是备受社会关注与赞赏的，当日社会风尚可见一斑。

马斯洛曾在他的需要理论中分析人的最高层次需要，即自我实现需要时说，在人的自我实现中，"他更真实地成了他自己，更完善地实现了他的潜能，更接近他的存在核心，成了更完善的

---

①《史记·刺客列传》
②《战国策·赵策》
③详见《晏子春秋·内篇杂上》、《吕氏春秋·士节篇》。

人”①。又说:“(自我实现的人),最容易忘掉自我或超越自我,他可能是最以问题为中心，最忘掉自我的。在其活动中最自动的人。”②这种自我实现的人都表现出自我献身的精神,几乎“每一个自我实现的人都献身于某一事业、号召、使命和他们所热爱的工作,也就是奋不顾身”。因为在他们身上,“内在的需求与外在的需求契合一致,‘我愿意’也就是‘我必须’”③,遵奉“士为知己者死”的侠士们,对自我实现的追求,也是如此。从中可以看出,游侠群体,就其原初精神的实质而言,是社会成员中受任侠之风浸染已久而脱颖而出的一部分人生价值与意义的追求者，他们的行为代表了当时社会对理想道德与行为规范的追求，但因卓然超凡于世又变成了“社会的越轨者”。难怪乎荆轲在民间时,“日与狗屠及高渐离饮于燕市,酒酣以往,高渐离击筑,荆轲和而歌于市中,相乐也,已而相泣,旁若无人者”④。侯嬴本已是70多岁的老人,家贫,但当信陵君欲赠他丰厚资产时,他予以回绝。如此的行为做法,也可见于其他侠士。所以,从一定程度上讲,春秋战国的任侠风气是社会变迁时期,思想与道德观念发生紊乱、社会失范随之而带来的结果。

三、临危受命、以救时难

司马迁称赞游侠是“专趋人之急,甚已之私”⑤。侠在当时“天下熙熙,皆为利来;天下攘攘,皆为利往”⑥的社会环境中,能够临危受命,以救时难,是世间备受敬仰赞赏的行为。身为卿相的信

①②[美]马斯洛:《存在心理学探索》,云南人民出版社,1987年,第88、32页。
③[美]马斯洛:《人的潜能与价值》,华夏出版社,1986年,第211~212页。
④《史记·刺客列传》
⑤《史记·游侠列传》
⑥《史记·货殖列传》

陵君，得知赵国首都被秦军围困，危如累卵之际，“计不独生而令赵亡，乃请宾客，约车骑百余乘，欲以客往赴秦军，与赵俱死”①。信陵君如此无所畏惧的行为，正是侠面临危难时所作出的必然选择。侠者之所以遵循这样的行事原则，事实上是对前赋文化中既已存在的道德观念的继承与发展。《国语·晋语》记载了这样一件事，可看做侠有如此意识观念的原有来由。

> 晋文公伐郑，郑人以名宝行成。公弗许，曰："予我詹而师还。"詹请往，郑伯弗许。詹固请，曰："一臣可以赦百姓而定社稷，君何爱于臣也？"郑人以詹予晋人。晋人将亨之。詹曰："臣愿获尽辞而死，固所愿也。"公听其辞……乃命弗杀，厚为之礼而归之。

郑国的叔詹不惜冒杀身之祸而趋死，是当时社会推崇赞扬的勇者行为。《战国策·魏策》讲述有关安陵人缩高的故事，其精神实质与行径跟郑叔詹的故事大抵相同。这表明，勇者牺牲自身以免国难或救人之急的道德观念由来已久，并又受社会的赞同与褒扬。侠正是继承了这种品德的精神内涵，内化为自己的道德信条与行事准则。窃符救赵的信陵君，在关键时刻，是平日所善遇的屠者朱亥为他椎杀晋鄙而夺得兵权的，除了极为强烈的报恩心理外，朱亥身上还体现了侠者趋人之急的精神风范。朱亥答谢信陵君曰："臣乃市井鼓刀屠者，而公子亲数存之，所以不报谢者，以为小礼无所用。今公子有急，此乃臣效命之秋也。"② 实际

---

①②《史记·魏公子列传》

上，仔细考察战国社会可发现，不仅侠士具有趋人之急、赴人之难的品质，因受前赋文化的熏陶和任侠之风的影响，社会阶层中有许多成员的行事方式与侠极其相似，这表明侠一方面对传承优秀道德品质进行了汲取，另一方面，由于这一品质适应社会需要，在侠的社会实践中，又反过来影响了其他社会成员，这些被影响了的成员，可看做是侠的边缘性群体，即行事方式和精神风貌与侠有共同之处。如"为人排患难解纷乱而无所取"的鲁仲连[①]；以死免国遭劫难的安陵人缩高[②]；弃爵舍卿位以救友脱困的虞卿[③]；视富贵如粪土、帮伍子胥得以逃国的江上渔父[④]；乃至"先国家之急而后私仇"的蔺相如[⑤]；能舌战群臣、自告奋勇为国救难的王遂[⑥]；等等，都能在危险时刻，挺身而出，以一己之力，定险困之局。他们的观念和行事极具侠的特点。因此，有人撰文考证说"纵横"流为侠士。[⑦]实质上，战国"纵横"流不过是社会受任侠风气影响的绝大多数成员中的一部分而已，不仅是他们，当时的许多游说之士都体现了侠的特征。

四、节士不以辱生

自尊的人格是战国侠士精神风貌中引人注目的又一特色。追求人格的自尊并伴随而来的强烈的荣耻感，以及对个人价值的认定，在战国之前的前赋文化中既已有之，但战国的侠士们所继承与看重的更是人格的自尊和自我价值的实现。所谓"节士不

①《史记·鲁仲连邹阳列传》
②《战国策·魏策》
③《史记·范雎蔡泽列传》
④《史记·伍子胥列传》
⑤《史记·廉颇蔺相如列传》
⑥《史记·平原君虞卿列传》
⑦熊宪光：《"纵横"流为侠士说》，《西南师范大学学报》，1997年第4期。

以辱生”的侠义精神，最早可以从春秋的社会成员身上找到原本的精神来源。《左传》僖公三十三年讲晋秦殽之战后，晋俘获秦的几员将领为囚。先轸知道后，恼怒已极，在晋君面前大发雷霆并不顾其面而唾之于地。后来，当晋侯与狄人作战失败后，先轸免胄直奔入狄师，战死。理由是：“匹夫逞志于君而无讨，敢不自讨乎？”先轸以死实行对自己的严惩，说明他以自己曾有的这种犯上行为为耻，唯有死才能得以洗刷。为保持独立人格而不惜以身殉职的如此做法，在春秋并不稀见。文公二年又载：

> （秦晋）战于殽也，晋梁弘御戎，莱驹为右。战之明日，晋襄公缚秦囚，使莱驹以戈斩之。囚呼，莱驹失戈，狼瞫取戈以斩囚。禽之以从公乘，遂以为右。箕之役，先轸黜之，而立续简伯。狼瞫怒。其友曰：“盍死之？”瞫曰：“吾未获死所。”其友曰：“吾为女为难。”瞫曰：“《周志》有之：‘勇则害上，不登于明堂。’死而不义，非勇也。共用之谓勇。吾以勇求右，无勇而黜，亦其所也。谓上不我知，黜而宜，乃知我矣。子姑待之。”及彭衙，既陈，以其属驰秦师，死焉。晋师从之，大败秦师。君子谓狼瞫于是乎君子。

狼瞫不甘被黜，以失其勇名的这种对人格自尊的追求，是极其强烈的。尽管如此，他还是不肯“以友为难”去犯上，充分体现了他所守持的勇士道德，这与侠的道德精神是贯通的。因此，“节士不以辱生”的侠义观念，就实质而言，是继承了前赋文化中追求人格的独立与自尊，重名誉、轻死生的传统道德观念。

战国的侠士，特别讲求人格的自尊。正如儒家所言："可近而不可迫也，可杀而不可辱也。"① 推荐荆轲给燕太子丹的侠士田光，当太子将图谋刺秦王的计划告诉他，并叮嘱"勿泄"时，他感到自己的人格受到侮辱，侠者的"诚信"受到怀疑，于是明心志并自杀于荆轲面前。他临死前这样表白说："吾闻之，长者为行，不使人疑之。今太子告光曰：'所言者国之大事也，愿先生勿泄。'是太子疑光也。夫为行而使人疑之，非节侠也。"② 春秋末要离刺杀吴王子庆忌亦是如此。他为了故主而杀新主，为取信于新主又杀妻焚子并扬其灰，在行刺过程中又几番受辱。因此，在刺杀成功后，他自请死去。原因是："臣已为辱矣。夫不仁不义，又且已辱，不可以生。"③

总之，"节士不以辱生"这种侠义精神，是不完全等同于主流社会遵循的道德标准和行事方式的表征之一。侠是社会变迁中随之产生的一群特殊群体，他们一方面受先前社会上逐渐兴起的任侠之风影响，观念和行事原则越来越趋于迎合社会的需要；另一方面，侠自身在社会中的积极实践活动，又影响了其他绝大多数社会成员，使他们心向慕之。因为，从道德继承的角度讲，侠是对先前前赋文化中适合现实社会需要的道德观念以及相关规范的继承与发展者，从某种角度讲，他们对传统道德的守持，远远超过了其他社会成员。

①《礼记·儒行》
②《史记·刺客列传》
③《吕氏春秋》

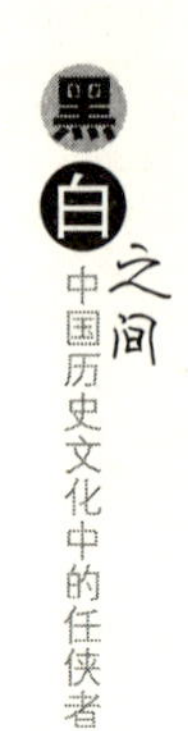

第三章　汉代任侠者的组织化及其对后世的影响

汉代是任侠者组织化的时代，同时也是他们自身蜕变的时代。那么，使任侠者得以组织化的社会条件究竟有哪些，同时，汉代任侠者的组织化对后世又产生何种影响，这些都是本章论述的重点内容。简单地讲，汉代任侠者之所以组织化的要素有三：

一、西汉政权的建立者属任侠者团体

秦统一六国后，"隳名城，杀豪俊，收天下之兵聚之咸阳，销锋鍉，铸以为金人十二，以弱天下之民"[①]。因此，无论像战国四豪一类的卿相之侠，还是操持贱业为生的闾巷之侠，都纷纷流落民间，以不同的方式对抗着现存政权。苏轼说："故堕名城，杀豪杰，民之秀异者散而归田亩。"[②]王船山则进一步指出："秦灭王侯，奖货殖，民乍失侯王之主而无归，富而豪者起而邀之，而侠遂横于天下。"[③]

诚然，在秦末战争中，任侠者得以逐步地组织化并发挥了特殊的政治作用。刘邦集团的形成与发展便很好地说明了这一问

---

①贾谊：《过秦论》(上)，《古文观止》，岳麓书社，1988年，第341页。
②苏轼：《游士失职之祸》，《东坡志林》卷五。
③王夫之：《读通鉴论》卷三。

题。《史记·高祖本纪》说刘邦年轻时,"仁而爱人,喜施,意豁如也。常有大度,不事家人生产作业"。他为亭长时,往郦山押送刑徒,途中多有逃亡,于是他干脆全部释放了所有刑徒,自己打算从此亡命江湖,刑徒感恩,"壮士愿从者十余人"。后来他做了帝王,曾自己诙谐地戏言其父:"始大人常以臣为无赖,不能治产业。"《楚元王世家》、《韩信卢绾列传》也都记载了他年轻时犯法违禁的事实。《陈丞相世家》说刘邦年轻时曾兄事"少文,任气"的沛县豪侠王陵。凡此种种,如吕思勉所言:"汉高为游侠者流,显而易见。"[①]刘邦集团的成员,绝大多数是受任侠之风影响的侠士"少年"。正如赵翼论"汉初布衣将相之局"时所说:"汉祖以匹夫起事,角群雄而定一尊,其君既起自布衣,其臣亦自多亡命无赖之徒。"[②]如"少年豪吏"的萧何、曹参、樊哙等;与刘邦同里的卢绾,在刘邦"为布衣时,有吏事辟匿,卢绾常随出入上下。及高相初起沛,卢绾以客从。"[③]英布也是,"与其徒长豪杰交通,乃率其曹耦,亡之江中为群盗"[④]。还有为"少年"之徒的陈平、郦商;亡匿下邳任侠的张良;"好带刀剑"的韩信;等等。陈山很有见地地指出:"刘邦集团对于项羽集团的胜利,实质上是平民社会中流氓土豪势力对于六国旧贵族的胜利。"[⑤]萨孟武也说:"在中国历史上,有争夺帝位的野心者不外两种人,一是豪族,如杨坚、李世民等是。二是流氓,如刘邦、朱元璋等是。此盖豪族有所凭借,便

①吕思勉:《秦汉史》,上海古籍出版社,1983 年,第 522 页。
②赵翼:《廿二史札记》卷二。
③《史记·卢绾列传》
④《汉书·英布传》
⑤陈山:《中国武侠史》,上海三联书店,1992 年,第 54 页。

于取得权力，流氓无所顾忌，勇于冒险。”[①]正是由于西汉政权建立者为流氓侠士团体，故而使得西汉任侠之风大盛，任侠者的势力得到很大发展。

二、王侯权贵及地方豪强与任侠者的相互勾结

王侯权贵及地方豪族之所以大量招养任侠者，除受任侠风气浸染外，更多考虑的是在现实政治生活中，能够增加自己的政治砝码或达到个人的政治目的。高祖时的陈豨，“宾客随之者千余乘，邯郸官舍皆满”。这些宾客大多是任侠者出身，刘邦“令人覆案豨客居代者诸为不法事，多连引豨”[②]。梁孝王刘武“招延四方豪杰，自山以东游士莫不毕至”[③]。淮南王也是“阴结宾客，附循百姓，为畔逆事”，“积金钱赂遗郡国诸侯游士奇材”。游侠伍被建议他“徙郡国豪杰任侠及有耐罪以上”[④]。另外，还有借任侠者之手扩大个人势力、满足私欲的王侯权贵及地方豪强。济东王刘彭离“骄悍，无人君礼，昏暮私与其奴、亡命少年数十人行剽杀人，取财物以为好”[⑤]。灌夫则“喜任侠，已然诺，诸所与交通，无非豪杰大猾。家累数千万，食客日数十百人。坡池田园，宗族宾客为权利，横颍川”，以致颍川百姓充满恨意地为他们编民谣曰：“颍水清，灌氏宁；颍水浊，灌氏族。”[⑥]他们这种鱼肉百姓，横行乡里的行为，已失去了传统意义上的任侠精神，完全堕落为有组织、有势力的地痞流氓。国家和地方政权对他们的镇压打击，势在必

①萨孟武：《〈水浒〉与中国社会》，岳麓书社，1987年，第3页。
②《汉书·卢绾陈豨传》
③《汉书·文三王传》
④《史记·淮南衡山王列传》
⑤《史记·梁孝王世家》
⑥《汉书·灌夫传》

然。郭解被诛杀一事，王夫之评论道："公孙弘请诛郭解，而游侠之害不滋于天下，伟矣哉！"[①]也才会出现卫青改节后对答武帝的一番表白："自魏其（窦婴）、武安（田蚡）之厚宾客，天子常切齿。彼亲附士大夫，招贤绌不肖者，人主之柄也。人臣奉法遵职而已，何与招士！"[②]

游侠通过广泛交游加强了组织化的程度。清人何焯说："既为侠，则其交必杂。"[③]原因就在于，借助这种方式，可以构建起一张为他们所利用的庞杂社会关系网络。任侠者与权贵、豪族等的交通，便是他们寻求"保护伞"，试图得到政治庇护的交游方式之一。这种情况，尤其在"侠魁"身上体现得淋漓尽致。所谓"侠魁"，是指史书称谓那些从任侠者群体中发展出来的领袖式人物。他们也是任侠者逐步组织化的重要标志。与汉高祖同时的鲁侠朱家，"所藏活豪士以百数，其余庸人不可胜言"。可见他俨然是这些组织化了的侠士中的魁首，以致"自关以东，莫不延颈愿交焉"。但同时，他又敢于藏匿"数窘汉王"，"为气任侠，有名于楚"的楚将季布。当时，"高祖购求布千金，敢有舍匿，罪及三族"，他在濮阳周氏、汝阳侯滕公等人的帮助下，多方打点，替季布求情，并最终使季布得到赦免，充分说明了他庞大的社会关系网络，这是先秦游侠无法比拟的。剧孟也是如此，《史记·游侠列传》载："剧孟以任侠显诸侯。吴楚反时，条侯为太尉，乘传车将至河南，得剧孟，喜曰：'吴楚举大事而不求孟，吾知其无能为已矣。'天下骚动，宰相得之若得一敌国云。"剧孟的势力及在当时社会

①王夫之：《读通鉴论》卷三。
②《史记·卫将军骠骑列传》
③王先谦：《汉书补注·季布传》，何焯注。

上的地位，可见一斑。如果他不是赫赫有名的侠魁，与诸侯又无甚交往，如何能有如此大的政治号召力和影响力。郭解被迁徙时，“诸公送者出千余万”，这是先秦侠士难以想象的排场。鲁迅先生说：“（先秦侠士）是以死为终极的目的……汉的大侠，就已和公侯权贵相馈赠，以备急时来作护符之用了。”[①]可谓一语中的。基于汉代的国家统一，在一定程度上限制了游侠的活动，交结王侯权贵是迫不得已寻找“知己”的选择，也唯有如此，才能为自身及其他侠客找到可靠的“保护伞”，因此，交通王侯，出入贵戚之家，使得这种“互惠互利”的人际关系网络成为汉代任侠者很显著的一个特征。侠魁既是任侠者组织内部的领袖，又是社会群体中很有影响力的权威人物。马林诺夫斯基论及“权威”时指出：“权威既指作决策和在有争议和分歧的场合作公断的特权和责任，又指实施这些决定的力量。权威是社会组织的核心本质。”[②]郭解作为侠魁，在民间很有威望，他到附近的郡国去，常为人调解处理各种棘手的事，因此获得了空前的声誉和尊重。一方面，是由于法治存在着疏漏，民间社会秩序还需依赖这些特殊的头面人物来维持；另一方面，说明侠魁在组织化了的侠内部已具有相当的权威，并已影响到整个社会局面。

郭解居民间，“邑中少年及旁近县贤豪，夜半过门常十余车，请得解客舍养之”。围绕着他是否应被迁徙问题，大将军卫青替他求情，以致汉武帝感慨地说：“布衣权至使将军为言，此其家不贫。”事实上，郭解已不是普通意义按赀财论定的迁徙之人，他对国家的正常统治秩序已构成严重威胁，迁移他是为了打击这些

①鲁迅：《三闲集·流氓的变迁》，《鲁迅全集》第 4 卷，人民文学出版社，1981 年。
②[英]马林诺夫斯基：《科学的文化理论》，中央民族大学出版社，1999 年，第 70 页。

企图分享国家权力的异己力量群体。郭解入关,“关中贤豪知与不知,闻其声,争交欢解”。很快,他又与当地豪强及任侠者逐渐融为一体,从而建立新的人际关系网络,结交新的王侯权贵,重新寻找“保护伞”。正是鉴于郭解及其组织化了的任侠者与地方豪强势力相互结合形成的强大势力,严重地干扰和威胁着国家及地方的统治秩序,因而必须诛杀之,御史大夫公孙弘说得很清楚:“解布衣为任侠行权,以睚眦杀人,解虽弗知,此罪甚于解知杀之。当大逆无道。”

王侯权贵及地方豪强与任侠者的相互勾结,特别是地方豪族与侠客的合流,从而形成有组织、有目的的暴力团体,对现存政权的统治构成严重威胁,这也可以从国家对他们镇压打击的反面事实中得以充分说明。郭解的父亲便是“以任侠,孝文时诛死”的。景帝时,“济南瞷氏,陈周肤亦以豪闻,景帝闻之,使使尽诛此属”[①]。武帝时,对任侠者进行了大规模的捕杀活动。以“大逆无道”罪诛杀了侠魁郭解;天汉二年(前 99 年),汉武诏令关都尉:“今豪杰多远交,依东方群盗。其谨察出入者。”严格限制任侠者的活动范围,同时,汉武帝还任用了一批才干出众的“酷吏”全面地落实这一政策。王温舒为河南太守,“捕郡中豪猾,郡中豪猾相连坐千余家。上书请,大者至族,小者乃死,家尽没入偿臧。奏行不过二三月,得可事。论报,至流血十余里”[②]。所谓“豪猾”,是汉代任侠者与权贵及地方势力结合而成的新势力。景帝时诛杀有三百余家的济南瞷氏“豪猾”,《史记·游侠列传》称为“豪侠”。对“豪猾”的打击捕杀,文献记载甚多。《汉书·赵广汉传》说赵广

①《史记·游侠列传》
②《史记·酷吏列传》

汉对新丰豪侠杜建的处治是，“令数吏将建弃市，（宗族门客）莫敢近者，京师称之”。严延年打击涿郡的豪侠西高氏、东高氏，“遣掾蠡吾，赵绣按高氏得其死罪……更遣吏分拷两高，究竟其奸，诛杀各数十人。郡中震恐，道不拾遗”。汉武帝对任侠者采取的另外一种限制打击措施是“迁豪”，试图从根本上铲除任侠之风赖以孳生的社会环境，最著名的一次是武帝建元三年（公元前138年），主父偃奏曰：“茂陵初立，天下豪杰兼并之家，乱众之民，皆可徙茂陵，内实京师，外销奸猾，此所谓不诛而害除。”[①]武帝从其计，进行“迁豪”，当时郭解和原涉的祖父都在迁徙之列。

由于侠的逐步组织化生成新的社会势力，严重地干扰和威胁着国家与地方的统治秩序，文景之后，尤其在汉武帝的严厉限制和镇压下，他们改节易行、追名逐利，逐渐向两个不同的方向发展：1.收敛自己的行为。司马迁说：“自是之后（按：指郭解被诛），侠者极众，而无足称道者，然关中长安樊中子，槐里赵王孙，长陵高公子，西河郭翁中，太原鲁翁孺，临淮兒长卿，东阳陈君孺，虽为侠而恂恂有退让君子之风。”他们甚至部分上升为统治阶层的成员，汉武帝任用的著名酷吏中不乏此辈。宁成，“好气”；义纵，“少年时，尝与张次公俱攻剽为群盗”；王温舒“少时椎埋为奸”[②]，但他们后来都成为锄除豪强，惩治任侠者的得力官吏。又如，郭解的后人郭伋，“王莽时为上谷大尹”[③]；声名显赫的京城侠首原涉，也被王莽封为“镇戎大尹”[④]；还有官至河南太守的侠魁

①《汉书·平津侯主父列传》
②《史记·酷吏列传》
③《后汉书·郭伋传》
④《汉书·游侠传》

陈遵、位列九卿的息乡侯楼护等[①],都完全转化为统治者的重要成员,可谓腐朽化神奇。2.彻底堕落成民间社会中的匪盗,依武恃勇,横行乡里。《史记·游侠列传》:“至若北道姚氏,西道诸杜,南道仇景,东道佗羽公子,南阳赵调之徒,盗跖而居民间者耳,曷足道哉!此乃向者朱家所羞也。”再如,元、成间“长安宿豪大猾东市贾万、城西萬章、翦张禁、酒赵放,杜陵杨章等皆通邪结党,挟养奸宄,上干王法,下乱吏法,并兼役使,侵渔小民”[②]。他们常常睚眦必报、行事诡异,不计后果。《淮南子·人间训》记载了这样一则故事:梁地富人虞氏,一日设酒作乐于高楼上,一群游侠从楼下经过,恰好从空中的飞鸟口中掉下一只“腐鼠”,击中他们。游侠因此而恼怒万分,群起而攻之,灭了虞氏全家。

需要提及的是,侠的两种不同发展趋势一直延续于后世,尽管这与最初任侠精神下的侠士有本质区别。其中,堕落民间的任侠者组织化愈来愈强,随着社会不断变迁,他们的组织化发展程度不同。然而因其“以武犯禁”的暴力性,威胁着统治者的统治,故常处于被镇压打击之列,于是便又生出了许多性质不同的组织类型,例如后来出现的秘密社会、帮会、绿林等,今天所谓“黑社会”犯罪集团,也是上承其余绪产生的变种之一。

三、名利的驱动与任侠者的组织化

追名逐利是两汉任侠者区别于先秦侠士最显著的一个特征。

(一)名利的驱动与侠的组织化

先秦侠士重名节,故以“节侠”自誉。而西汉的游侠,则开始有意识、有目的地“养名”。《史记·游侠列传》:“鲁朱家者,与高祖

---

①《汉书·游侠传》
②《汉书·王尊传》

同时。鲁人皆以儒教，而朱家用侠闻。”他在救助了处在困厄之中的季布之后，侠名更是远播，“自关以东，莫不延颈愿交焉”。甚至使得同样以侠闻名的楚人田仲，心甘情愿地“父事朱家，自以为行弗及”。而剧孟的名气则大到能左右时局变动的地步，非同凡响。郭解的“养名”，更有特点，外甥被杀，他认为杀人者做的有道理，释放了凶手，没有报仇。他因此获得了空前的声誉：“诸公闻之，皆多解之义，益附焉。”有人对他箕踞傲视，他却托人求情屡次免了这人应服的差役，最终使得“箕踞者乃肉袒谢罪，少年闻之，愈益慕解之行”。还有，他成功地调解了洛阳“贤豪”多次调解未果的复仇事件，但仍将成功之名留给他们。这种做法，无疑更增加了他知名度的广泛性，以致司马迁也赞叹说：“吾视郭解，状貌不及中人，言语不足采者。然天下无贤与不肖，知与不知，皆慕其声，言侠者皆引以为名。谚曰：‘人貌荣名，岂有既乎！’于戏，惜哉！”

必须指出的是，不能简单地认为游侠的这种“养名”方式，是完全的利他主义的高尚情操，他是有所求的，不过是表现的隐蔽罢了。彭卫就曾指出：“（游侠的）声誉也是一笔财富，精神的东西随时可以向物质转化。‘得黄金百，不如得季布诺’的谚语以及剧孟、原涉等人的钱财招之即来的故事，把由汉代游侠操作的这一特殊的‘精神变物质’过程点得一清二楚。”① 其实，不仅仅是“名可以变利”的趋利过程，作为侠魁，唯有通过这种提高社会知名度的方式，才可以使他具有影响力与号召力，也才可以使组织化了的侠为他服务。美国学者丹尼斯·朗分析组织中个人权威的影

①彭卫：《古道侠风》，中国青年出版社，1998 年，第 75 页。

响时指出：

> 在个人权威关系中，对象出于愿意讨好或效劳另一人的服从，仅仅是出于后者的人品。个人权威可以看作“纯粹”型的权威，其中命令的发布与服从，无需发布命令者拥有任何强制性权力、可转让的资源、社会授予的特殊资格或合法性。他或她对对象的重要性构成后者遵从的惟一原因。个人权威的原型是被爱者对爱者的权力，爱者宣称“你的愿望就是我的命令”并按此行事。①

押送郭解迁徙的杨季主之子，被作为发泄对象让任侠者杀了后，“已又杨季主。杨季主家上书，人又杀之阙下”。郭解的侠名已非普遍意义上的声誉，而是受人崇敬与保护的对象。当有儒生说了句“郭解专以奸犯公法，何谓贤！”便被郭解豢养的客杀死，还残忍地割断了舌头。无独有偶，有人批评大侠原涉是“奸人之雄”，受原涉救助的人当场就刺杀了批评者。②任侠者对名誉的看重与追求，根本的驱动力是显性与隐性社会利益的吸引。

汉代任侠者极度攫取金钱的行径，也是前所未有的。《史记·游侠列传》记载郭解少年时，“藏命作奸剽攻，休乃铸钱掘冢，固不胜数”。《汉书·游侠列传》记载大侠楼护“母死，送葬者致车二三千两，闾里歌之曰：‘五侯治丧楼君卿’”。其实，这种敛财的方

---

①[美]丹尼斯·朗，《权力论》，中国社会科学出版社，2001年，第67页。
②《汉书·游侠传》

式早已有人为之。剧孟母死，“自远方送丧者盖千乘”[1]，馈赠数量之多，可以想见。

任侠者另一种聚财的方式是受人钱财，为人报仇解恨。成帝时京兆尹王尊捕杀专养刺客报仇怨的名豪萬章、箭张回、酒市赵君都、贾子光等，都是例证。《汉书·薛宣朱博传》载：

哀帝初即位，博士申咸给事中，亦东海人也，毁宣不供养行丧服，薄于骨肉，前以不忠孝免，不宜复列封侯在朝省。宣子况为右曹侍郎，数闻其语，赇客杨明，欲令创咸面目，使不居位。会司隶缺，况恐咸为之，遂令明遮斫咸宫门外，断鼻唇，身八创。

薛宣之子重金雇佣刺客杨明，在光天化日之下，于皇宫门口砍伤了弹劾薛宣的申咸，削断了他的鼻子和嘴唇，并连刺八刀。可见，受赇(按：贿赂)报仇和政治领域的残酷权力斗争结合起来，充当打手性质的任侠者，其任侠精神的利他性堕落至此，与其说是政治斗争的需要，倒不如说是他们奴性和痞子性的加强，活脱脱变成了追名逐利的职业杀手。东汉王符在《潜夫论·述赦篇》中反映这种现实情况说：

洛阳至有主谐和杀人者，谓之“会任之家”，受人十万，谢客数千。又重馈部吏，吏与通奸，利入深重，幡党盘牙，请至贵戚宠臣，说听于上，谒行于下，是故虽严

---

①《史记·游侠列传》

令、尹，终不能破坏断绝。

这些“身不死而杀不止”的“职业杀手”，已非个人行为，而是有了专门的组织机构。有专门招揽“生意”、打点官府的人物，并且在整个行凶过程中，受雇杀人的刺客竟也遭严重盘剥，成为特殊的“受剥削”群体。任侠者为适应社会的需要，蜕变成了如此“规范化”、“组织化”的刺杀群体，是统治者始料不及的。但无论如何，他们是国家与地方统治秩序的威胁者，是国家必须镇压和打击的对象，尽管事实上不可能从根本上解决问题。崔寔言辞激烈地抨击这种社会现象说：“上家累巨亿之资，户地侔封君之土，行苞苴以乱执政，养剑客以威黔首，专杀不辜，号无市死之子，生死之奉，多拟人主。”①

以任侠为名的人，也多借这块招牌，达到个人的特定目的。《淮南子·汜论训》载：

> 北楚有任侠者，其子孙数谏而止之，不听也。县有贼，大搜其庐，事果发觉，夜惊而走。追道及之，其所施德者皆为之战，得免而遂返。语其子曰：“汝数止吾为侠，今有难，果赖而免身。”

看来，侠在“互惠互利”的原则下，已完全蜕变为私家的门丁或趋利的“保镖”，任侠精神已无足称道。更有甚者，许多人借任侠之名行无赖、流氓、强盗、土匪之实。这类事例于古籍中随手可

---

①崔寔：《政论》，《通典》卷一。

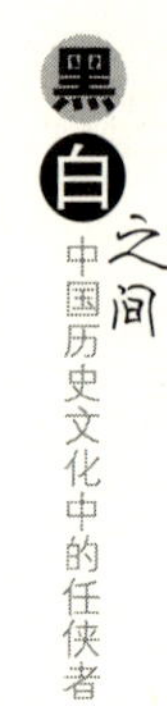

撷。《汉书·何并传》:“阳翟轻侠赵季、李款,多富宾客,以气力渔食间里,至奸人妇女……纵横郡中。”《世说新语·假谲篇》:

> 魏武少时,尝与袁绍好为游侠,观人新婚,因潜入主人园中,夜叫呼云:“有偷儿贼?”青庐中人皆出观,魏武乃入,抽刀劫新妇与绍还出,失道,坠积棘中,绍不能得动,复大叫云:“偷儿在此!”绍遑迫自掷出,遂以俱免。

曹操与袁绍的“任侠”,赤裸裸是一幅无赖、流氓像,任侠精神的利他主义颠倒成了彻头彻尾满足私欲的利己主义。再比如,以《北齐书》为例,可见任侠者组织化对社会带来的影响。《毕义兴传》说他“少粗侠,常劫掠行旅”;《单义云传》“义云少粗侠,家在兖州北境,常劫掠行旅,州里患之”;《高乾传》记载他“少时轻侠,数犯公法。弟昂,初以豪侠之名,结轻险之徒,共为贼盗”;等等。这种病态畸形的成长模式,是社会本身造成的。侠最初秉承的任侠精神,早已被奴性、痞子性、帮派意识所取代,难怪鲁迅先生批评他们是“取巧的侠”,是“奴才”,是“流氓”。①

(二)名利的驱动与“少年”群体的组织化

先秦及秦汉文献中提及的“少年”,不仅仅是基于年龄范围的相关称谓,而是由表示年龄次第的概念引申出来的专用名词,指称那些因受任侠之风影响,行为及观念与侠有密切联系的特殊群体。当然,这个群体是跟年龄分不开的。《礼记·曲礼上》:“二

---

①鲁迅:《三闲集·流氓的变迁》,《鲁迅全集》第4卷,人民文学出版社,1981年。

十曰弱，冠；三十曰壮，有室。”《说文·士部》：“壮，大也。”据此，王子今先生推测说：“所谓‘少年’，大约是指三十岁以下的未婚男子。”①遍察先秦及秦汉文献会发现，“少年”群体的纠结一般处在这个年龄段。

从现存文献看，“少年”群体春秋时即已有之，《左传》将他们同任侠者的先驱——“盗”、“贼”混同起来，也有力地证明，“少年”是侠之一类。《左传》昭公二十年载：

> （郑）大叔为政，不忍猛而宽。郑国多盗，取人于萑苻之泽。大叔悔之，曰：“吾早从夫子（按：指郑子产），不及于此。”兴徒兵以攻萑苻之盗，杀尽之，盗少止。

同样一件事，《韩非子·内储说上·七术》称“郑少年相率为盗”。荀子也视“少年”群体为干犯法令，影响社会安定的不法分子。《荀子·修身》抨击他们说：“偷儒惮事，无廉耻而嗜乎饮食，则可谓恶少者矣；加惕悍而不顺，险贼而不弟焉，则可谓不详少者矣，虽陷刑戮可也。”《战国策·秦策三》说应侯范雎为秦昭王讲故事时，提及“恒思有悍少年请与丛博”之事，也是有关不法“少年”的间接记载，可知“少年”在战国已成为新生社会势力。

“少年”群体，他们崇尚暴力，仰慕任侠精神，在整个社会价值导向影响下，“少年”很容易“抱成团”，组织化起来。在社会动荡的历史环境中，他们往往站在现存政权的对立面，成为反政府组织的中坚力量。秦汉的“少年”群体亦是如此。《史记·秦始皇本

①王子今：《说秦汉“少年”及“恶少年”》，《中国史研究》，1994年第4期。

纪》:“山东郡县少年苦秦吏,皆杀其守尉令丞反,以应陈涉,相立为侯王,合从西乡,名为伐秦,不可胜数。”《项羽本纪》:“东阳少年杀其令,相聚数千人。”《高祖本纪》:“于是少年豪吏如萧、曹、樊哙等皆为收沛子弟二三千人。”《留侯世家》提到的张良起事,《陈丞相世家》叙述陈平率“少年”投入反秦浪潮,以及《田儋列传》、《樊郦滕灌列传》等类似的记载,都说明“少年”群体在秦末的反秦战争中发挥过非同一般的作用。

“少年”群体组织化带来的客观效果,是跟整个社会价值导向密不可分的。为深入地分析认识这一问题,我们借鉴社会心理学的理论予以说明。20 世纪著名的美国社会心理学家班杜拉(Bandura)已获公认的社会学习理论表明,青少年,他们的侵犯行为获得的心理机制途径一般有两种:一是通过观察学习;二是以直接经验为基础的学习。而社会使得侵犯行为的保持机制则有三:首先是外部强化,如抢劫、偷盗等获得的实物奖赏以及对声望、名誉、权力、地位等社会性奖赏的追求;其次是替代强化;最后是自我强化。他以尚武精神为例,说明社会导向及伦理道德对侵犯行为的自我强化:“战败经验成为永久的耻辱,而战胜的自我满足感会强化他们的侵犯行为和侵犯勇气,在这种文化中,尚武精神成了人们保持侵犯行为的内在源泉。”①

“少年”群体的基本成员由于绝大多数属于正在成长中的青少年,他们对社会新生事物及主导性的社会价值观接受能力极强,加之各种自身生理成长的特点,很容易通过直接或间接经验的学习,获得社会化了的侵犯知识,并因此而逐步组织化起来。

---

①高申春:《人性辉煌之路:班杜拉的社会学习理论》,湖北教育出版社,1999 年,第 182~201 页。

《史记·淮阴侯列传》记述韩信受"少年""胯下之辱"的故事，可看出他们推崇的价值观：

> 淮阴屠中少年有侮信者，曰："若虽长大，好带刀剑，中情怯耳。"众辱之曰："信能死，刺我；不能死，出我袴下。"于是信孰视之，俛出袴下，蒲伏。一市人皆笑信，以为怯。

众人之所以讥笑韩信，是基于秦汉间社会精神风貌所决定，重义轻死、好勇斗狠的侵犯行为，为社会所推崇。同时，因这种行为与任侠精神的互通性，"少年"群体又表现出强烈的崇尚侠义精神，仰慕任侠者的特征。《史记·游侠列传》说郭解由于侠名远播，"少年慕其行，亦辄为报仇，不使知也"。又说："邑中少年及旁近县贤豪，夜半过门常十余车，请得解客舍养之。"当郭解使起初对自己不敬的"箕踞者"最终"肉袒谢罪"时，"少年闻之，愈益慕解之行"。周亚夫极为器重的侠魁剧孟，"好博，多少年之戏"，说明与"少年"群体亦有紧密联系；而"气盖关中，遇人恭谨，为任侠，方数千里，士皆争为之死"的游侠季心，"少年多时时窃籍其名以行"。事实上，"少年"群体如此亦步亦趋地倾慕游侠，也使得他们中的一部分人发展成侠客。以郭解为例，他"少时阴贼，慨不快意，身所杀甚众。以躯借友报仇，藏命作奸剽攻，休乃铸钱掘冢，固不可胜数"，"及解年长，更折节为俭，以德报怨，厚施而薄望，然其自喜为侠益甚。既已振人之命，不矜其功，其阴贼著于心，卒发于睚眦如故云"。郭解的成长经历，可谓是社会学习理论的典型事例。由于他少年时的任侠活动，带给了他直接经验，而

这又以社会性奖赏与实物奖赏的方式，促使他从外部及自身强化了这种侵犯行为的正当性和合理的价值观，所以他才会终生乐此不疲地进行一系列的任侠活动。其实，不单是郭解，其他“少年”也是如此。《史记·货殖列传》载：“其在闾巷少年，攻剽椎埋，劫人作奸，掘冢铸币，任侠并兼，借交报仇，篡逐幽隐，不避法禁，走死地如骛者，其实皆为财用耳。”司马迁说得很明白，“少年”群体种种活动的动机都是一个“利”字。但这种趋利的任侠行径，在当时是被社会认可与推崇的。《汉书·酷吏传》：“长安中奸猾浸多，闾里少年群辈杀吏，受赇报仇，相与探丸为弹，得赤丸者斫武吏，得黑丸者斫文吏，白者主治丧，城中薄暮尘起，剽劫行者，死伤横道，枹鼓不绝。”酷吏尹赏上任后，进行积极的、残酷的镇压打击，把“轻薄少年恶子”几百人赶入被称为“虎穴”的大坑中活埋，但是，这种整顿社会治安、打击犯罪的做法，换来的却不是社会的肯定与赞扬；而人们对被镇压的“少年”、“恶少”却抱有普遍的同情心，出现了“亲属号哭，道路皆嘘唏”的场面，甚至有人唱挽歌道：“安所求子死，桓东少年场，生时谅不谨，枯骨后何葬！”

他们又常被利用作为报仇解怨的工具。《汉书·朱云传》记述朱云“少时通轻侠，借客报仇”。《朱博传》称朱博“好客少年”，“欲报仇怨者解剑以带之”。《后汉书·阳球传》记载“郡吏有辱其母者，球结少年数十人，杀吏，灭其家”。西汉末年，琅邪人吕母为子报仇，结交“少年”的故事，更能说明这种情况，《东观汉记·吕母传》载：

> 海曲有吕母，其子为县吏犯小罪，县宰杀之，吕母家素富丰赀产。乃益让酿醇酒，少年来酤者，贳之，视其乏

者，辄假衣装。少年欲相与偿之。吕母垂泣曰："县宰枉杀吾子，欲报怨耳，诸君宁肯哀之乎！"少年许诺，遂相聚得数百人，因与吕母入海，自称将军，遂破海曲，执县宰，斩之。以其首祭其子冢，吕母宾客徐次子等自号"搤虎"。

更有甚者，有些"少年"专以替人报仇解怨为职业。前引杨阿若即为一例，他每日打打杀杀，成了职业杀手与流氓的最佳结合者。另外，与侠客一样，"少年"群体作为潜在的社会势力，在"互惠互利"的原则下，他们也与王侯权贵及地方恶势力相勾结，常违法乱纪、横行霸道。梁孝王之子济东王刘彭离与"少年数十人行剽杀人，取财物以为好"的强盗行径①，更能表明官匪勾结，黑白两道合流对社会治安造成的巨大危害。

"少年"群体的组织化同时还可以从国家对他们的态度上得以反映，国家对这一危害民间社会、触犯朝廷法令的特殊组织集团的镇压打击，自然是情理中的事了。从相关文献看，汉武帝时表现的尤为突出。《史记·大宛列传》记述太初年间，"拜李广利为贰师将军，发属国六千骑，及郡国恶少年数万人，以往伐宛"。后又"赦囚徒材官，益发恶少年及边骑，岁余而出敦煌者六万人，负私从者不与"。大量地征役"少年"群体，有效地限制和打击了他们的违法活动，但未能从根本上消除这一特殊群体的存在，这是由于任侠风气的蔓延、名利的驱使以及国家法治的疏松与某些社会成员的特定需要等多种因素所使然。

总之，"少年"群体的存在及其内部的组织化，一直是秦汉以

①《史记·梁孝王世家》

降，国家无法回避而又必须面对的棘手社会问题。这也牵扯到青少年成长过程中的一个根本问题，即国家如何正确地教育和引导青少年，使他们中的绝大多数不至于变成社会的越轨者或叛逆者。

四、汉代已降任侠者的组织化进程与流变

魏晋南北朝，是中国中古史上最为动荡不安的时期。这一时期，也是任侠者甚为活跃的时期，更是他们组织化以后的畸变时期。史书记载，魏晋南北朝时期豪侠的违法乱纪成为普遍现象。陈寿的《三国志》说曹操“少机警，有权数，而任侠放荡，不治行业”[①]。西晋广陵人戴若思也是如此。“若思有风仪，性闲爽，少好游侠，不拘操行，遇陆机赴洛，船装甚盛，遂与其徒掠之。”他在率领着自己的徒众劫掠陆机的船后，“若思登岸，据胡床，指麾同旅，皆得其宜。(陆)机察见之，知非常人，在舫屋上遥谓之曰：‘卿才器如此，乃复作劫邪！’若思感悟，因流涕，投剑就之。机与言，深加赏异，遂与定交焉”[②]。可见当时连知书达理之人，也深受组织化后侠风的影响，组帮结社，专干劫掠偷盗之事。而渤海的高氏父子也是同样情况。高乾“父翼，豪侠有风神，为州里所宗敬”，而高乾与弟高昂都是当地著名的侠魁，高乾“少时轻侠，长而修改，轻财重义，多所交结”。高昂“与兄乾数为劫掠，州县莫能穷治”，他还在少时就“不遵师训，专事驰骋，每言男儿当横行天下，自取富贵，谁能端坐读书，作老博士也”[③]。大名鼎鼎的石崇也是如此。“崇颖悟有才气，而任侠无行检。在荆州，劫远使商客，致

①《三国志·魏书·武帝纪》
②《晋书·戴若思传》
③《北齐书·高乾传及附》

富不赀。”[①]吴国的名将甘宁“少有气力，好游侠”，曾因“轻侠杀人，藏舍亡命”，在巴郡一带为盗寇。他每次聚集游侠少年群体出去劫掠，都成群结队，还携带着装有响铃的特殊弓箭。百姓一听到铃声，便知道是他们一伙出动了，都赶快躲避。地方官吏对此也无可奈何，这种现象一直延续了二十多年，直到甘宁拜将。

唐代是自东汉以后任侠者的新发展时期，并一度达到高潮。根据两唐书的记载，唐开国元勋和初盛时期的一些文臣武将，都曾是游走于江湖的豪侠俊杰。如公孙武达、段志玄、紫绍、杜伏威、李勣等。当时一般的贵族子弟、士子文人，或探戈于边塞大漠，或驰逐于都市街巷，皆以侠客相标榜，竞相任侠成为一种时尚，一种英雄的标志。不仅如此，这一时期，歌颂侠客勇士也成为诗人才子的主题。粗略统计，仅初唐歌颂游侠的诗歌就有百首之多，相当于汉末至隋四百年间同类诗歌总数的两倍。许多著名的诗人都有大量诗词描写任侠者，如李白、杜甫、韦应物等。

宋元时期是江湖世界较为成熟的时期。王学泰先生的研究表明，由于五代十国时期对于传统政治秩序和文明的本质性破坏，再加之宋代人口的激增和结构性的变化，以及宋代开国皇帝赵匡胤出身游民等因素，使得宋代出现了一个特定的社会阶层——城市游民阶层，该阶层的发展壮大直接影响了社会的诸多方面。[②]江湖世界的形成正是基于此“沃土”，概略地讲，自宋代开始，真正传统意义上古典式的任侠者逐渐销声匿迹，取而代之的是组织化了的游民群体，以及他们对原有任侠精神的继承和改造。尤其要强调的是，游民阶层改造后的“任侠精神”，更具

①《晋书·石崇传》

②王学泰：《游民文化与中国社会》，学苑出版社，1999年，第106~215页。

现实功利性，这是不同于主流价值观的亚文化体系，它是游民阶层赖以生存的核心价值观和行为规范，并由此逐步发展成独具特色的江湖文化与帮会文化。由“说话”逐渐成书的《水浒传》，其诸多人物便明显地反映了这一特点。以流氓性为例，譬如，晁盖便“独霸在那村坊，江湖上都闻他的名字”；三阮兄弟经常“在泊子里做私商勾当”，虽生活穷困，但仍喝酒吃肉赌钱；而打家劫舍的二龙山“好汉”以及做卖人肉勾当的母夜叉孙二娘、张青等一干人物，却都是该阶层默许、赞赏，乃至推崇的人物；至于好色之徒王英，市井泼皮白胜，喜榨人钱财的戴宗、蔡庆、蔡福，横行一方的穆春、穆弘、李俊、张横、张顺、孔明、孔亮诸人等，在他们的身上，实在很难发现传统意义上行侠仗义的影子，倒是江湖中的不择手段和帮会中的“抱成团”现象体现得淋漓尽致。

承宋元之余绪，明清社会有着任侠“情结”的游民阶层，其发展的路径主要有三：一是组织化的程度加深且有质的变化。其组织变得更为严密和有序，愈加团结，并由此形成规模巨大、影响广泛的秘密社会团体和组织，他们是现存社会秩序的反对者和社会动荡中反政府的急先锋，尤其是有清一代。天地会、白莲教、哥老会等的产生和发展最具典型地说明了这一点；二是部分任侠者被官府收买，沦为鹰犬，成为镇压和制衡其他江湖世界中任侠者的最有力武器；三是另有部分任侠者或为武师，或开镖局，成为日常社会中正常的职业者。这三者中，以第一种为主体。纵观明清两代，以任侠自任的游民秘密组织，影响中国社会的进程甚为深远，除了当时从政治、经济、文化等方面与现存政府相抗衡外，它还促进了民间社会的组织化程度和暴力化倾向，以致在后来的民主革命时期，秘密社会组织都是各革命党派或团体不得不面对的现实问题和巨大社会力量，他们或者倚重，或者改造,或者剿灭,但无论如何,组织化了的游民阶层,已成为近代社会一股强大的政治和社会力量,如何更好地解决他们,曾是革命面临的难题之一。

附表　汉代游侠行迹略表

姓名	籍贯	阶层或职业	活动时代	相貌及技艺	主要事迹	史料出处
张良（字子房）	韩	韩国贵族	任侠于秦末	貌如妇人	壮士刺杀秦始皇，为韩报仇（未遂）；藏匿杀人者楚国贵族项伯。	《史记·张丞相列传》《汉书·张良传》
朱家	鲁	布衣	秦汉之际至汉高祖时		收留亡命豪士数百人，著名者如季布。振赡救济贫苦者。专趋人之急，施恩不图报。家无余财，生活俭朴。其影响遍及关东地区。	《史记·游侠列传》《史记·季布列传》《汉书·游侠传》《汉书·季布传》
周氏	濮阳	布衣	高祖		收留亡命者，著名者如受汉通缉的项羽部将季布。	《史记·季布列传》《汉书·季布传》
田仲	楚	布衣	高祖		以任侠闻名。父事朱家，其行大抵亦类朱家。	《史记·游侠列传》《汉书·游侠传》
季布	楚	项羽部将，后为汉高祖赦免，官至河东守。	西汉初年至文帝时		任侠重义，声闻梁、楚之间，楚地流传“得黄金百，不如得季布诺”的谚语。	《史记·季布列传》《汉书·季布传》
季心	楚	季布之弟，曾任中司马之职。	西汉初年至景帝时		任侠以勇气闻名，气盖关中。为人恭谨有礼，士争为其死。少年常僧其名行事。	《史记·季布列传》《汉书·季布传》

姓名	籍贯	阶层或职业	活动时代	相貌及技艺	主要事迹	史料出处
田叔	赵陉城	战国齐贵族田氏之后。任官至鲁相	西汉初年至景帝时	通晓剑术，并习黄老之学。	任侠尚义，为人康直，曾不惧诛三族，跟随被治辠的赵王张敖赴长安。	《史记·田叔列传》《汉书·田叔传》
剧孟	洛阳	布衣	文帝、景帝时		任侠风格类似朱家，声闻中原，并为官府所看重。时人爰盎称其为“天下所望者”。性好博戏，死后家财不及中等人家。	《史记·游侠列传》《汉书·游侠传》《汉书·爰盎传》《汉书·荆燕吴传》
周丘	下邳	吴王刘濞门下宾客	文帝、景帝时		吴王刘濞反乱，主动请缨为刘濞说降下邳等地，得兵十万。	《汉书·荆燕吴传》
某		刺客	景帝	有武艺	受梁孝王刘武指使，刺杀汉大臣袁盎。	《汉书·爰盎传》
王孟	符离	布衣	景帝		以侠行闻名于江淮之间。	《史记·游侠列传》《汉书·游侠传》
瞷氏	济南	布衣	景帝		以“豪侠”闻名，为景帝所诛杀。	《汉书·游侠传》《史记·酷吏列传》《汉书·酷吏传》
周膚	陈	布衣	景帝		以“豪侠”闻名，为景帝所诛杀。	《汉书·游侠传》。又，其人在《史记·游侠列传》中作“周庸”。

姓名	籍贯	阶层或职业	活动时代	相貌及技艺	主要事迹	史料出处
灌夫	颍川颍阴	世家大族,曾任代相	景帝、武帝时	有武艺	喜任侠，重信义,有勇气。曾率10余骑冲陷吴楚叛。不好学问。家财丰饶,其宗族及门下宾客横行于颍川，当地流传“颍水清，灌氏宁，颍水浊,灌氏族”的民谣。	《史记·灌夫列传》《汉书·灌夫传》
寒孺	陕县		景帝		有侠行	《汉书·游侠传》颜师古注：“陕即今陕州陕县也。”《史记·刺客列传》集解引徐广注:“陕,疑当作‘郏’字,颍川有郏县。”索隐亦谓：“陕当为郏。”按陕县秦时已置,汉柑之,且《史》《汉》均明载为“陕”,不当曲作他解,颜注是。又,《史记·游侠列传》“寒孺”作“韩孺”。
白氏诸家族	代		景帝（？）		有侠行	《史记·游侠列传》《汉书·游侠传》
韩毋辟	梁		景帝（？）		有侠行	《史记·游侠列传》《汉书·游侠传》
薛况	颍川阳翟		景帝		有侠行	《史记·游侠列传》《汉书·游侠传》

姓名	籍贯	阶层或职业	活动时代	相貌及技艺	主要事迹	史料出处
郭解	河内轵县	布衣。其父任侠，在文帝时被诛，其外祖母是当时的著名相士许负	景帝、武帝时	身材矮小，容貌不及中等人。	年轻时重侠尚义，不惧死为友报仇。藏匿亡命者，抢劫盗窃，行为残忍，所杀甚众。年长后改行，助人不夸耀其功，以德报怨。在中原地区甚有人望，当地少年为其报怨杀仇。在官府中亦有声望，大将军卫青为其迁徙事向汉武帝求情。其家族亦以此横行于乡里。郭解性格沉静而勇悍，外表宽厚而内少狠毒。不饮酒。为武帝所族诛。然郭氏家族并未尽灭，郭解曾孙郭梵在汉成帝时任蜀郡大守，郭梵之子郭伋在王莽新朝时任并州牧。	《史记·游侠列传》《汉书·游侠传》《后汉书·郭伋列传》
汲黯（字长孺）	濮阳	世家子弟。景帝时任大子洗马，武帝时累官至九卿。	景帝、武帝时		任侠重义，尚气节，任官廉洁。性格傲慢直率，不能容人之过。屡屡犯颜直谏，汉武帝对其颇为忌惮。	《史记·汲黯列传》《汉书·汲黯传》
郑当时（字庄）	陈	世家于弟。景帝时任太子舍人，武帝时累官至九卿。	景帝、武帝时		助人于危难之中，故颇得人心，声闻梁、楚地区，当时有“郑庄行，千里不赍粮”之誉。	《史记·郑当时列传》《汉书·郑当时传》
樊中子	长安		武帝		行侠有君子之风。	《汉书·游侠传》又，《史记·游侠列传》作“樊仲子”。

姓名	籍贯	阶层或职业	活动时代	相貌及技艺	主要事迹	史料出处
赵王孙	长安附近槐里		武帝		行侠有君子之风。	《史记·游侠列传》《汉书·游侠传》
高公子	长安附近长陵		武帝		行侠有君于之风。	《史记·游侠列传》《汉书·游侠传》
郭翁中	西河		武帝		行侠有君子之风。	《汉书·游侠传》又,《史记·游侠列传》作"郭公仲","公"、"翁"当系一音之转。
鲁翁孺	大原		武帝		行侠有君子之风。	《汉书·游侠传》又,《史记·游侠列传》作"卤公孺",集解引徐广注:"雁门有卤城"按,鲁、卤系同音异字,且本传已明言翁孺是太原人,徐说误。
儿长卿	临淮		武帝		行侠有君子之风。	《汉书·游侠传》
陈君孺	东阳		武帝		行侠有君子之风。	《汉书·游侠传》又,《史记·游侠列传》作"田君孺",索隐:"陈、田声相近,亦本同姓。"
姚氏	长安北道		武帝		行侠而犯法。	《汉书·游侠传》
杜氏诸家族	长安西道		武帝		行侠而犯法。	《汉书·游侠传》
仇景	长安南道		武帝		行侠而犯法。	《汉书·游侠传》
佗羽	长安东道		武帝		行侠而犯法。	《汉书·游侠传》又,《史记·游侠列传》作"赵他羽公子",索隐:"此姓赵,名他羽,宇公子也。"未知殊是。
赵调	南阳		武帝		行侠而犯法。	《史记·游侠列传》《汉书·游侠传》

姓名	籍贯	阶层或职业	活动时代	相貌及技艺	主要事迹	史料出处
义纵	河东	平民。其姊是女医，为武帝母王大后所宠幸。	武帝		年轻时拦路劫道，多行不法，后通过其姊门路入仕为官。是西汉著名酷吏，为武帝所杀。	《史记·酷吏列传》《汉书·酷吏传》
张次公	河东	平民	武帝	有武艺	年轻时与义纵一同拦路劫道，多行不法，后任郎，以军功封为岸头侯。	《汉书·酷吏传》
宁成	甫阳穰县		武帝		景帝时官至中尉，武帝时任内使。免官受刑，逃回家乡。役使数千家，任侠，控制地方官吏，后为义纵所杀。	《史记·酷吏列传》《汉书·酷吏传》
王温舒	长安附近阳陵		武帝		年轻时任侠杀人，后入仕，任太守、中尉等官，是西汉著名酷吏。	《史记·酷吏列传》《汉书·酷吏传》
朱安世	长安		武帝		号为京师大侠。武帝诏捕入狱。在狱中上书揭露丞相公孙贺父子阴私，公孙贺因此受到族诛。	《汉书·公孙贺传》
眭孟	鲁国蕃县		武帝、昭帝时		年轻时有侠行，斗鸡走狗。年长后改行习经，入仕。	《汉书·眭孟传》
杜建	京兆新丰	京兆椽	武帝、昭帝时		以行为豪侠闻名，门下宾客为其违法以谋利。因犯法为京兆尹赵广汉所杀。	《汉书·杜建传》
李亨	长安附近茂陵	富豪	宣帝（？）		年轻时喜好牵狗逐兽，家中畜有多种名犬。	《西京杂记》卷四

姓名	籍贯	阶层或职业	活动时代	相貌及技艺	主要事迹	史料出处
朱云（字游）	其先鲁人，徙长安附近平陵	豪族	宣帝、元帝、成帝时	身高八尺（约在185厘米以上），容貌甚壮，通晓武艺。	年轻时逼轻侠，助人报仇。年四十乃改行习儒学，通《易》、《论语》。曾任杜陵令，为官刚正，疾恶如仇。	《汉书·朱云传》
萬章（字于夏）	长安	曾任京兆尹门下督	元帝，成帝时		长安城中名侠，因住在城西，号“城西萬于夏”。与官府往来密切。为京兆尹王尊所杀。	《汉书·游侠传》《汉书·王尊传》
张回	长安	造箭者	元帝，成帝时		长安著名豪侠，豢养刺客，为人报仇。为京兆尹王尊所杀。	《汉书·游侠传》
赵君都	长安	卖酒者	元帝，成帝时		长安著名豪侠，豢养刺客，为人报仇。为京兆尹王尊所杀。	《汉书·游侠传》
贾万	长安	长安东市商人	元帝，成帝时		长安著名豪侠，豢养刺客，为人报仇。为京兆尹王尊所杀。	《汉书·王尊传》
杨章	长安附近杜陵	豪族	元帝，成帝时		长安著名豪侠，豢养刺客，为人报仇。为京兆尹王尊所杀。	《汉书·王尊传》
贾于光	长安	卖酒者	元帝，成帝时		长安著名豪侠，豢养刺客，为人报仇。为京兆尹王尊所杀。	《汉书·游侠传》
朱博	长安附近杜陵	少时家境贫寒	元帝至哀帝时	长翼	年轻时喜任侠，结交少年，助人于危难之中。后从政，官至郡守九卿，宾客满门，仍以侠义行事。为官廉洁，不好酒色游宴。	《汉书·朱博传》
王林卿	长安附近长陵	宣帝王皇后家族成员，本人曾任侍中。	成帝		好侠行，所交多侠者，势倾京师，宾客众多。为人骄横，其行多违法。	《汉书·何并传》

姓名	籍贯	阶层或职业	活动时代	相貌及技艺	主要事迹	史料出处
赵季 李款	阳翟		成帝		二人号为“轻侠”,门下宾客众多；鱼肉乡里,好人妇女,横行乡中,控制地方官吏。为颖川大守何并所杀。	《汉书·何并传》
红阳长、红阳仲兄弟			成帝		与“轻侠”交往,藏匿亡命之人。	《汉书·酷吏传》。又,关于“红阳长仲兄弟”之文,释者意见不一。邓晨谓:“虹阳,姓,长,仲,字也。”如淳谓,“红阳，甫阳县也。长姓,仲,字也。”颜师古谓:“姓红阳而兄字长,弟字仲。”从长与仲的字义看,颜说更为合理。
郄公	蜀	富商	成帝		以巨富和奢侈闻名天下,外出打猎,声势浩大,百姓倾城出观。	见扬维《蜀都赋》,《华阳国志·蜀志》。又刘逵注左思《蜀都赋》:“郤公,豪侠也。”郤同郄。
杜榔季	长安附近霸陵		成帝		以侠闻名，与官府有密切往来。	《汉书·孙宝传》
杜苍	长安附近灞陵	杜稗季之于	成帝、哀帝时		侠名在杜稺季之上。	《汉书·孙宝传》
楼护(字君卿)	齐	世为医家，楼护亦能行医。	成帝至王莽时	口才极佳,时人有“谷子云笔札,楼君卿唇舌”之语。	耻以医为业，投入权贵门下为宾客。因好施有礼,待故人有义,颇得士大夫之心。班固谓其为宾客侠中的佼佼者。	《汉书·游侠传》

姓名	籍贯	阶层或职业	活动时代	相貌及技艺	主要事迹	史料出处
陈遵（字孟公）	长安附近杜陵	官宦子弟，少孤。	哀帝至两汉之际	身高八尺余(约在185厘米以上）长头大鼻，容貌甚伟	嗜酒好客，不拘小节，精于吏事。官至大守并被封侯。班固谓其为官侠中的最杰出者。	《汉书·游侠传》
原涉（字巨先）	祖父武帝时以豪杰自阳翟徒长安附近茂陵	豪族，父曾任南阳大守。	哀帝至两汉之际		急人所难，性格类似郭解，外温厚而内好杀。曾辞官为叔父复仇。门下宾客多行犯法之事。手下刺客如云。班固谓其为西汉后期“闾里侠”之魁。为更始西屏将军申屠建所杀。	《汉书·游侠传》
杜君敖	长安附近霸陵		西汉末		行侠而有谦退之风。	《汉书·游侠传》
韩幼孺	池阳		西汉末		行侠而有谦退之风。	《汉书·游侠传》
绣君宾	北地马领县		西汉末		行侠而有谦退之风。	《汉书·游侠传》
漕中叔	西河		西汉末		行侠而有谦退之风。与官府有往来。受到王莽通缉，为强弩将军孙建所匿。	《汉书·游侠传》
辛次兄	陇西	官宦人家，父辛通系护羌校尉。	西汉末		交游广，宾客甚多，因得罪权臣被杀。	《汉书·辛庆忌传》
卫子伯	中山国	平帝舅	西汉末		交游广，宾客甚多。	《汉书·辛庆忌传》

姓名	籍贯	阶层或职业	活动时代	相貌及技艺	主要事迹	史料出处
漕少游	西河	漕中叔于	西汉末至两汉之际		以侠行闻名于世。	《汉书·游侠传》
窦融(字周公)	扶风平陵	官宦子弟少孤	西汉末至两汉之际		家长安中，出入贵戚家，连结间里豪杰,以任侠为。后成为东汉开国名臣。	《后汉书·窦融列传》
杨明		刺客	西汉末	有武艺	受右曹侍郎薛况指使，在皇宫外砍伤博士给事中申咸。	《汉书·薛宣传》
王丹(字仲回)	京兆下邦	家累千金	西汉末至汉初		拒绝出仕,在家乡施舍财物,教人所急。	《后汉书·王丹列传》《东观汉记》卷十四
戴遵	汝南慎阳	大族	西汉末至东汉初		家富,好给施贫者,尚侠气。	《后汉书·逸民列传》
刘林	赵国	赵缪王之于，汉景帝七世孙。	两汉之际		任侠于赵、魏地区。拥立王郎为天子。	《后汉书·王郎列传》
隗崔	天水成纪	豪族	两汉之际		年轻时任侠有名,能得众。先从隗嚣起兵,后为更始所杀。	《后汉书·隗嚣列传》
王遵(字于春)	长安霸陵	隗嚣宾客	两汉之际	有才辩	年轻时任侠有名,先从隗嚣起兵,后降汉。	《后汉书·隗嚣列传》
刘縯	南阳蔡阳	皇族，世代官宦,光武帝刘秀长兄	两汉之际		好侠养士。性刚毅,慷慨有大节。起兵反王莽。	《后汉书·光武帝纪上》,及《后汉书·宗室四王三侯列传》
王磐(字子石)	长安	官宦子弟。其父是王莽从兄平阿侯王仁。	两汉之际		尚气节,爱士好施,闻名于江淮地区。	《后汉书·马援列传》

资料来源　彭卫:《古道侠风》,中国青年出版社,1998年。

第四章　武侠小说发展谱系

一、先秦到两汉的侠义文学

侠义精神在中国古代十分发达，作为一种重要的思想资源，儒、墨、道、法四大思想流派都对此有论述。“侠”就是路见不平，拔刀相助的人，专门喜欢打抱不平；“义”就是正直、正派，对朋友肝胆相照，舍生忘死。在古代具有这样侠义精神的英雄人物举不胜举。司马迁在《史记》中有《刺客列传》和《游侠列传》，专门为荆轲、聂政、豫让、专诸、郭解、田仲等侠士立传，是中国古代侠客最早的小传。丰厚的侠义精神，崇高的侠客形象，投影在文学中，便有了侠义小说的出现。

虽然有传记把侠客写得虎虎有生气，但是传记文学并不是真正的小说。小说作为一个独立的事物，小说家作为三教九流中一个独立的门类，则开始于班固的《汉书·艺文志·诸子略》。在班固这里，诸子共分十家，小说家是最末的一家。他说：“小说家者流，盖出于稗官街谈巷语，道听途说者之所造也。”可见他们还不是艺术创作者。

（一）汉代武侠小说的雏形

刘若愚认为《燕子丹》是中国第一篇文言武侠小说，创作年代一般认定为公元前6世纪。内容是根据《史记》中写燕子丹以及游侠田光、荆轲的记载加以艺术虚构而成。

另一篇武侠小说是《吴越春秋》中的《越女》。“越女试剑”取材于民间传说,把剑术引入文学故事。这篇小说脱离了具体的历史事实,大胆采用民间传说,并第一次在小说中论及剑术。这两篇小说对于武侠小说取材于历史,展示丰富想象都有影响和启发。实际上,从民间的武侠小说到新派武侠小说的崛起,基本上走的都是这样的两条道路。如金庸的武侠小说大都以史实为依据,加上作者自己的合理大胆想象;古龙的武侠小说则大都无历史背景,也很少借用历史事实与历史人物。当然,《燕子丹》与《越女》都处于武侠小说的雏形期,还称不上是真正的武侠小说。因为,在《燕子丹》中,只有刺杀没有武功,关于侠义精神的表现很模糊,荆轲与田光两位大侠行侠的目的也不明确。《越女》则故事情节太过于简单,越女只有武艺而无侠义精神。

(二)先秦两汉有关武侠的篇目如下①

《庄子·说剑》、《庄子·盗跖》、《庄子·让王》、《列子·汤问》、《礼记·儒行》、《论语·泰伯》、《韩非子·五蠹》、《韩非子·六反》、《墨子·经说》、《左传·鲁宣公二年》、《左传·鲁襄公二十九年》、《战国策·冯煖客孟尝君》、《战国策·鲁仲连义不帝秦》、《战国策·唐睢说信陵君》、《史记·游侠列传》、《史记·刺客列传》、《汉书·司马迁传》、《汉书·游侠传》、《汉记·前汉孝武皇帝纪》、《燕子丹》、《吴越春秋·越女》、《西京赋》。

① 曹正文:《中国侠文化史》,上海文艺出版社 ,1994年,第30~31页。

二、武侠小说的成熟期

魏晋六朝时期出现的志怪小说是武侠小说成熟期的准备阶段。著名的志怪小说有《搜神记》中的《干将莫邪》和《李寄》。《搜神记》的作者是干宝，他撰写《搜神记》的目的就是“发明神道之不诬”，可见侠义小说一开始就承受了“神道不诬”的特点。

唐代武侠小说开始成熟，有了自己的三大艺术特色：“虚构铺陈”、“武功奇幻”、“侠气纵横”，这是武侠小说独有的风格。侠与武开始结合始于唐传奇。唐传奇中的侠义小说据统计大概有35篇左右[①]，除了具有超凡武功的豪侠型小说，如《韦子东》、《虬髯客传》、《霍小玉传》、《柳氏传》、《荆十三娘传》、《义侠》等，爱情题材的人鬼相爱、人神相恋的作品也很多，写实与魔幻呈杂糅胶着状态。如《离魂记》、《枕中记》、《长恨歌传》等主要是受道家炼丹、追求长生不老思想的影响。唐代侠义小说中剑仙型的小说也很多。

唐末、五代、宋初，社会动荡不安，后来的宋王朝由盛而衰，中原沦陷使得游侠之风再度影响文坛，宋元文言小说中多描写豪侠。宋初编就的《太平广记》是最典型的短篇武侠文言作品。

明代诞生了长篇古典名著《水浒》。虽然它不是一部纯武侠小说，但是该书对侠义精神的颂扬，对清代出现武侠小说的狂潮有极大的影响。同时，明代的白话短篇中也有涉及侠客的篇章，可见明代的侠客为中国古代武侠小说走向成熟提供了条件。

从魏晋六朝至明代，1400余年中，中国的武侠小说经过了漫长的过程，终于走向成熟。在思想内容上，从刺客、游侠的个人

---

①程毅中：《唐代小说史话》，文化艺术出版社，1990年。

恩怨转入侠客义士的替天行道、为民伸冤。在艺术风格上，从情节简单的单线勾勒，走向日趋鲜明的人物形象刻画，情节曲折离奇，人物形象丰富多彩。

三、武侠小说的第一次高潮

清代武侠小说之所以达到高潮，原因有二：

其一，清代市民生活的繁盛和活跃。一方面武术发展与说唱艺术越来越深入民间，武侠小说迎合广大市民的文化需求和猎奇的心理；另一方面封建社会进入后期，政治黑暗，统治阶级需要物色有武功的人为其爪牙，人民则欢呼侠客来行侠仗义，为民除害。宫廷政变和镖局的发展都为武侠小说提供了生活素材。

其二，武侠小说的概念已经逐步明确。武侠小说是武+侠+小说，三者缺一不可。中国的侠文化发展到清朝，侠客的形象日益鲜明，武功描述渐见明朗，文言也转化为白话，短篇则演变为长篇。

清代武侠小说的问世，使武侠小说在中国小说史上占有一个重要的位置，这一点鲁迅在《中国小说的历史变迁》中有所评述："当时底小说，有《红楼梦》等专讲柔情，《西游记》一派，又专讲妖怪，人们大概也觉得很厌气了，而《三侠五义》则别开生面，很是新奇，所以流行也就特别快，特别盛。"由此可见，武侠小说受人喜爱，正是因平民意识对文艺创作的要求。清代武侠小说作为中国侠文化史上第一个高潮期，不仅因为数量多，而且其风格也很纷杂，形成了三种艺术流派。一是以《施公案》、《彭公案》、《三侠五义》为代表的武侠公案小说；二是以《儿女英雄传》为代表的武侠言情小说；三是以《七剑十三侠》为代表的武侠剑仙小说。民国尽管武侠小说和新派武侠小说层出不穷，风格多姿多彩，但万变不离其宗，都是在这三派武侠小说的基础上发展完善的。

（一）最早的武侠公案小说

最早的武侠公案小说是《施公案》。该书约成书于清嘉庆初年，现流传的刊本是清道光四年刊本，全书九十七回，后来一续再续，长达五百二十八回，约一百二十万字。该书作者不详，估计先是艺人的话本，后经过长期流传才整理为小说。该书主要内容写康熙时江都县知县施仕纶审理、查办案子。施仕纶虽然只是一个七品芝麻官，但是此人性格刚正不阿，作风廉洁，除暴安良，主持公道，最终参倒皇亲索国舅。前半部以施仕纶为主角，后半部以黄天霸为主角，绿林之争终于代替了公案模式。

《施公案》的长处在于：第一，在小说中设置悬念，开武侠公案小说之先。比如写黄天霸破案，一起三伏，颇有扑朔迷离的味道。这种艺术手法在《施公案》之前的武侠小说中未曾见过，并为新派武侠小说家古龙写《陆小凤》所借鉴。第二，塑造了一个成功的艺术典型黄天霸。黄天霸本是江南四大响马之一，武功极高，后投靠施仕纶，改名施忠。黄天霸效忠施仕纶，因施公是清官，尚有可原谅之处，但他后来表现为对康熙尽忠，寻找失盗的御马与御杯，特别卖力，屈膝称臣，出卖朋友，活现出媚态十足的奴性。从侠客沦为鹰犬，黄天霸不失为一个极有性格的反面典型，他也是中国侠文化史上第一个沦为鹰犬的绿林中人。

从作品所表现出的思想性来分析，《施公案》作者站在统治阶级的立场上写绿林好汉，对沦为封建统治者帮凶的黄天霸大加赞美，宣扬侠客的出路只有一条，便是报效朝廷。与《水浒传》

施耐庵肯定了梁山英雄的敢作敢为，敢与官府为敌的侠义精神相比,《施公案》的总体倾向是反人民的。从艺术而言,《施公案》结构较为松散,是由一个个的小故事串联起来的。

《彭公案》,作者署名贪梦道人,真实姓名不可考。写法上类似《施公案》,只不过施仕纶换了彭朋(另一位清官),黄天霸换成了黄三太(黄天霸之父),黄三太助彭朋查办案子,也写绿林中事。但结构松散,语言乏味,质量在《施公案》之下。

《施公案》首开武侠、公案小说合流之风,就其原作而言,公案成分多,武侠内容少。后来,黄天霸夺了施仕纶的戏,才有武侠味。尽管《施公案》与《彭公案》的作者是站在封建意识的立场上,把奴才歌颂为英雄,迎合了统治阶级的需要,但这两部书在小说史上有一定的地位,正是在这一基础上石玉昆创作了《三侠五义》。

(二)第一部正宗的武侠小说《三侠五义》

《三侠五义》的原始版本是《包公案》。《包公案》是明代无名氏所作,因其故事生动,清代有了抄本《龙图耳录》。石玉昆是天津艺人,说表俱佳,而且是位编故事的能手。他在讲《包公案》时,开始意识到侠客在观众心目中的地位，于是在包公审案过程中加强了侠客的分量。光绪五年《三侠五义》经文人润色刊行,又名《忠烈侠义传》(包括《小五义》与《续小五义》),一百二十回。后来,清代学者俞樾又作修改,删去第一回《狸猫换太子》,另写一回,并更名为《七侠五义》,故此书流传至今共有三种刊本。

严格来说,中国的武侠小说是从《三侠五义》开始的。《三侠五义》,顾名思义是一部真正以侠客为主角的武侠小说。书中的“三侠”是指南侠展昭、北侠欧阳春,双侠丁兆兰、丁兆蕙;“五义”

是指钻天鼠卢方、彻地鼠韩彰、穿山鼠徐庆、翻江鼠蒋平、锦毛鼠白玉堂。后来俞樾改为《七侠五义》,因书中另有四侠,即小侠艾虎、小诸葛沈仲民与黑妖狐智化。这七侠五义中,写得最成功的是白玉堂、蒋平、智化、艾虎、展昭与卢方。除七侠五义外,还有一个侠士写得很见功力,那便是白面判官柳青。此人极重义气,与白玉堂情同手足,性格偏激,也如锦毛鼠。这些侠客形象对后代武侠小说的人物群像谱有极大的影响。

《三侠五义》之后又有《小五义》、《续小五义》,它们合称为《忠烈侠义传》。《小五义》、《续小五义》的主角是小侠艾虎(欧阳春义子)、粉面子都卢珍(卢方之子)、白眉毛徐良(徐庆之子)、霹雳虎韩天锦(韩彰义子)、玉面专诸白芸生(白玉堂侄子)。翻江鼠蒋平、北侠欧阳春与黑狐妖智化在书中的戏不少,但其中写得最出色的是艾虎与徐良。这两部续书从公案转向武侠,武功一招一式的描写甚详,不过在塑造人物个性与语言技巧上,不如《三侠五义》成功。

《三侠五义》是中国历史上第一部长篇武侠小说。除了这部书以侠客为主角,还因为它在结构上具备了武侠小说的模式,它和《施公案》一样,用一个个小故事来串联情节发展,一波未平,又起一波,云山起伏,绵延千里。这些小故事不是单纯写破案,而是涉及江湖中的人和事,其社会背景也与侠客的活动相关联。石玉昆是第一个放手写绿林好汉争斗,又第一次把机关布景与暗杀贯穿于武侠故事之中的武侠小说家。如写白玉堂在陷空岛设下机关,又在襄阳府中误落机关丧命,这在过去武侠小说中都不曾见过。其次,《三侠五义》中侠客的对手,可谓形形色色。他们不仅反皇亲国戚、贪官污吏,如庞吉,而且剪除恶霸豪强,如葛登云、马刚、马强,还擒拿采花贼花冲,并涉及到社会上的财主、歹徒、泼皮,如白熊、柳洪、苗秀、赵大等各种人物。在《小五义》中续写黑道人物白菊花、东方明、路素贞等。七侠五义不反皇帝、拥护清官,但他们在客观上还是有利于为百姓伸张正义,而反面人物的多姿多彩,也为《三侠五义》的社会画面大大增色。

《三侠五义》的语言曾受到鲁迅的赏识,通俗易懂,生动活泼,并在描写武功上绘声绘色,力求逼真与神秘、平实与夸张相结合。飞檐走壁、暗器运用,以及谐语穿插,悬念设置,都为后代武侠小说的发展起了承上启下的重要作用。应当指出,《三侠五义》的思想倾向是有问题的。作者歌颂的侠客,最后还是心甘情愿去当封建统治者的鹰犬,且不说展昭、卢方,就是敢于闯皇宫、杀太监的白玉堂,后来也俯首帖耳当了四品护卫,武功成为效忠朝廷的一种资本,"义"最后服从于"忠",这也就很符合《忠烈侠义传》的书名了。尽管如此,《三侠五义》毕竟为武侠小说开辟了一条新路。武侠公案小说一直影响到当代,以捕快为主角的新派武侠小说仍不断出现,如温瑞安的《四大名捕》也是继承和发展了这一风格,并且在《三侠五义》的基础上有了新的突破。

(三)武侠言情小说的诞生

清代武侠小说的另一派是武侠言情小说,文康的《儿女英雄传》为其代表作。文康,姓费莫,字铁仙,笔名燕北闲人,生卒年不详,估计他生活在嘉庆、道光年间。《儿女英雄传》又名《侠女奇缘》、《金玉缘》。作者认为"英雄志气"与"儿女情长"本为一体,有了英雄至性,才成得儿女心肠;有了儿女情长,才能做英雄事业。全书虽然蒙上了一层封建道德的说教,但以"儿女之情"来写英雄侠客,在武侠小说史上有其不可低估的影响。

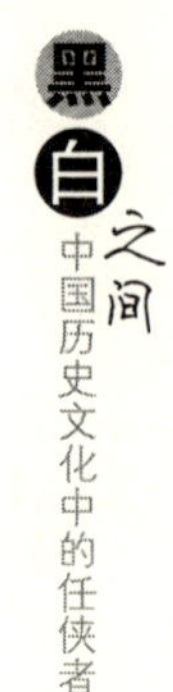

在《儿女英雄传》之前，写侠士的感情的小说也有，但是情节不易展开，儿女之情描写得也不够淋漓尽致。明清的武侠小说大多都写侠客的豪气，不近女色，如《水浒》中的英雄豪杰都视女色为侠义所忌，其中的女英雄也是豪迈有余，柔情全无。《七侠五义》中有一段“展熊飞比剑定良姻”的故事，但是展昭与丁小姐的姻缘，不过几句话，后来就没有了交代。可见，在《儿女英雄传》之前，侠骨柔情还未真正起步，文康敢于在这方面跳出“侠不追色”的框框，为以后武侠小说世界中出现“情侠”开了先河。

《儿女英雄传》的特点：首先，塑造了一个侠女十三妹的形象。十三妹是中国武侠小说史上第一个光彩夺目的女侠，她既有侠骨，又有柔情，武艺高强，智谋极高。其次，语言优美。《三侠五义》是从说唱艺人的话本中演变而来的，而《儿女英雄传》属于文人创作。文康出身大家，古文文化底蕴深厚，对北京口语运用的极为圆熟。他绘事状物，吸收了俚俗民谚和通俗的口语，有人物、有性格、有口吻，在塑造人物和情节安排上精雕细刻，具有出人意料又在预料之中的神来之笔，显示了他构思精巧和流畅明快的语言风格。他笔下的安骥、何玉凤、张金凤、安学海、邓九公以及凶僧，个个具有鲜明的个性，对话十分精妙，显示出文康较高的语言水平。最后，作为一部武侠言情小说，文康也在描写人物与情节安排上，更多地表现清代各种风俗画面，从官场写到绿林，从庙寺写到闺房，乃至一会儿写村民的市井俚语，一会儿写官宦的高雅言谈，其中写得最生动的是“悦来店静”、“能仁寺”两个段落。无论从主题、人物、情节、语言哪个角度看，都不愧是精彩绝伦的侠义小说。

（四）武侠剑仙小说与浪漫主义

清代小说家唐芸洲所著《七剑十三侠》，是武侠剑仙小说的代表作。剑侠出现于小说，唐传奇是其源头，但是唐传奇中的剑侠武功近乎于巫术，所以，在宋元明三代不大易见。一直到《七剑十三侠》的问世，唐代的剑侠才再次出现在文学天地中。为何一度沉默的剑侠又重出江湖？这是因为在太平盛世，人民安居乐业，不需要剑侠；到了乱世，纲常废弛，道义沦亡，奸邪当道，所以需要剑侠出来维护正义。所以，《七剑十三侠》的写作宗旨就是借文学来发泄自己对社会的不满，也借歌颂侠义来鞭挞社会时弊。作者笔下的侠客能够变幻出超凡的剑术，神通广大，剑仙可以主持人间的公道，反应了中国封建社会中平民意识的增强。

（五）清代文言武侠短篇

清代的文言武侠短篇非常兴盛，在一些清代的笔记小说丛书中收录很多，王士祯、纪昀、袁枚、李渔、蒲松龄、俞樾等名人也都写过有关侠的小说，其中著名的有蒲松龄和沈起凤。

四、武侠小说的第二次高潮

民国年间，即 19 世纪 20 年代至 40 年代，中国武侠小说迎来了百花齐放的年代。从先秦到清朝，中国侠文化史上尽管已经出现了武侠小说，但是“武侠小说”这个专有名词还没有诞生。唐代称武侠小说为传奇，宋代把武侠篇目归入“豪侠类”，元代则把武侠小说归属话本中的“朴刀”、“棍棒”类，清代出现的长篇小说《三侠五义》，被称为“侠义小说”，并非“武侠小说”，后来则又出现了“奇侠小说”之类的名称。一直到 1904 年，“武侠”这一名词出现在《小说丛话》中。而真正明确标明“武侠小说”的则是 1915 年，著名小说家林琴南的短篇小说《傅眉史》，他明确标出这是

“武侠小说”。在此之前，也有人在《礼拜六》上刊登署名《武侠鸳鸯》的小说。后来，平襟亚编《武侠世界》杂志，使“武侠”一词广泛流传开来，“武侠小说”真正替代了“侠情小说”、“奇侠小说”、“侠义小说”等名词，成为了一个专有名词。

民国的武侠小说上承接晚清，下开启港台新派武侠小说，在中国武侠小说史上占有举足轻重的地位。民国写武侠小说的名家已经多达几十人，如政府官员叶小凤、翻译家林琴南、教授胡寄尘、武术家郑证因、名医陆士谔、教师戴愚庵、新文艺小说家宫白羽，说书艺人姚民哀、张杰鑫，著名报人孙玉声、陈冷血、李涵秋、范烟桥、张恨水等。30 年代的一些著名报人与旧文艺小说家，十有八九都写过武侠小说。民国期间武侠著作有 200 多部，已经形成各种风格与流派，这是中国武侠小说史上第一个百家争鸣的武侠时代。

（一）民国前十年是武侠小说的酝酿阶段

有史可查的武侠小品，应该是北京大学教授林琴南在民国四年《小说大观》第三期（1915 年 12 月号）上发表的《傅眉史》，这是民国年间第一篇标明“武侠小说”的作品。继他之后，1916 年恽铁樵、钱基博编写了《武侠丛谈》，1918 年姜侠魂编写《武侠大观》，1919 年许慕羲编撰《古今武侠奇观》，还有一些关于古今豪侠义士的遗闻轶事的小品传记问世，如陆士谔的《古今百侠英雄传》、《今古义侠奇观》，许慕羲的《清代三百年奇侠传》，陈浪仙的《历代武侠大观》，张崇典的《历代著名奇侠》，张笛侬的《现代武侠大观》，姜侠魂的《剑侠骇闻》、《江湖三十六侠》、《女子武侠大观》等。这些武侠小品与武侠人物传记一方面为武侠长篇小说的问世作好了准备，另一方面也总结了前人关于“侠”的各个时期的资料。

(二)百家争鸣的武侠流派

1. 江湖传奇派向恺然(平江不肖生)

向恺然,即平江不肖生,湖南省平江县人。他于光绪十六年(1890年)生在湖南湘潭油榨巷,卒于1957年湖南长沙妙高峰,享年67岁。他在日本留学期间,就写成了长篇小说《留东外史》,后又有《留东外史补》等书出版。向恺然热爱武术,又精通文学,早年就立下写武侠小说的志向,他的处女作是《拳经讲义》。后来上海世界书局沈知方便约他写武侠小说。向恺然投身武侠世界,一发不可收,先后创作了十四部武侠小说,《江湖奇侠传》与《近代侠义英雄传》是其代表作。《江湖奇侠传》是中国侠文化史上第一部以演叙武林门户之争的长篇武侠小说。全书以昆仑、崆峒派剑侠争夺水陆码头为冲突,其中穿插反清复明的线索。全书刻画了一个个个性鲜明的江湖侠士,情节起伏跌宕。向恺然的小说传奇色彩极浓,人物之奇与事情之奇融为一体。另外,他写人物事件时,多注重当地风俗描写,比如写湖南人娶媳妇,对湖南当地的茶馆、庙寺、官宅等都有极生动的交代,令人如临其境。向恺然亦重视江湖传奇的独特风格,想象丰富,自成一家,极能写人间的世俗风情。他上接《七剑十三侠》的艺术流派,下开还珠楼主的奇幻剑仙派的先河。在中国武侠小说史上,向恺然可称为旧派武侠世界中的开山之祖。

2. 风俗人情派赵焕亭

赵焕亭,原名赵绂章,河北省玉田人。生卒不详。据张赣生考证,赵氏约生于1878年,至20世纪50年代初去世,享年72岁。与向恺然并称"南向北赵"的赵焕亭,是一介书生,不会武功,所

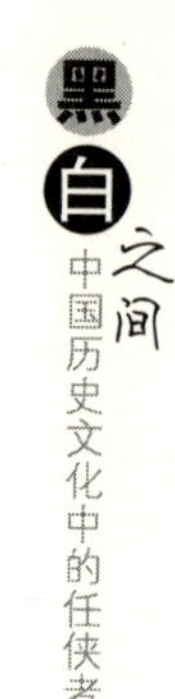

以他写小说扬长避短，将侠客置于社会风情的历史背景中，以奇闻奇事与奇人奇情组成跌宕起伏的构思与布局，写人物对话很见功力。他的主要作品有《英雄走国记》、《大侠殷一官轶事》、《侠骨红妆》、《鸿燕恩仇录》、《白莲剑影记》、《蓝田女侠》等，其代表作为《奇侠精忠传》。

3. 历史演义派文公直

文公直，江西萍乡人，生于1898年。早年接受过传统文化教育。文公直早年读史，13岁北上入军官学校。青年时代的文公直血气方刚，投身讨袁，护法战争时也曾追随孙中山革命，成为同盟会会员。文公直涉足军界多年，后来又成为报人，编报之余致力于武侠小说创作。其作品共有七部：《关山游侠传》、《赤胆忠心》、《剑侠奇缘》、《江湖异侠传》和《碧血丹心》三部曲。以《碧血丹心》为其代表作。《碧血丹心》三部曲包括《碧血丹心大侠传》、《碧血丹心于公传》、《碧血丹心平藩传》三部。作者以《明史·于谦传》为主要资料，旁采轶事野史，加入自己的想象，“以七分历史加三分想象”来组成小说结构，把一个正直的民族英雄写入武侠世界，目的就是要唤起当时百姓在乱世中如何辨忠奸、振民风。

4. 帮会武侠派姚民哀

姚民哀（1894~1938年），字肖尧，江苏常熟人，是民国年间著名报人，也是文坛的“奇人异士”。他文思敏捷，下笔如风，是写作上的多面手，各种文体在他笔下运用自如。姚民哀写武侠小说十部，以《四海群龙江》与《箬帽山王》最为著名。姚氏武侠小说以帮会内幕为核心。他自称幼年时曾随其父出入江湖帮会，后来又参加过光复会与中华革命党等组织。所以，他自执笔写小说，就留意搜集秘密帮会史料，甚至不惜耗费精力与金钱与江湖中人交友，直到熟悉其中内幕才敢下笔，因此姚民哀的武侠小说时人又称为帮会派。

5. 男女侠义派顾明道

顾明道（1897~1944 年），名景程，别署石破天惊室主，更号虎头先生。他以写言情小说响誉 20 年代末期的文坛。顾明道生来多愁善感，文笔极为雅致，很适合写男女缠绵之状，他的处女作便是一篇短篇言情小说。顾明道共创作武侠小说二十四部，他笔下的侠客，时空跨度很大，从古代写到近代。著名的有《怪侠》，其他如《海岛鏖兵记》、《海外争霸记》、《草莽奇人传》、《龙山王》、《虎啸龙吟录》，在当时也很有名，但以《荒江女侠》最为著名。

6. 奇幻仙侠派李寿民（还珠楼主）

李寿民（1902~1962 年），原名李善基，笔名还珠楼主，四川长寿县人。他前后写了三十七部武侠小说，其中以《蜀山剑侠传》与《青城十九侠》最负盛名。李寿民的武侠小说别具一格，创造了一个奇幻浪漫、光怪陆离的“剑仙世界”。作者第一次跳开武侠小说的现实社会，通过想象的、奇幻的天上人间来隐喻人间的黑暗和不平，并将道家和佛家思想来替代传统的儒家思想，指导武侠小说创作。作者想象力之丰富，文笔之瑰丽，剑仙之威力，自然之奇异，气势之磅礴，令人惊叹倍加。他的小说与晚清武侠小说的入世报国观念有很大区别，这种“道佛合一”的思想也为当代新派武侠小说的产生提供了思想基础。

7. 悲剧侠情派王度庐

王度庐（1909~1977 年），原名王葆祥，字霄羽，出生于北京旗人家庭。王度庐古文根底深厚，写言情小说不售，便下海写武侠，一口气写了“鹤铁五部曲”（即《鹤惊昆仑》、《宝剑金钗》、《剑气珠光》、《卧虎藏龙》、《铁骑银瓶》)。这五部小说是系列长篇,又单独成篇,其风格完全不同于还珠楼主的荒诞奇幻,而以哀婉悲情动人心魄,倾倒了无数读者,王度庐从此脱颖而出,成为北派四大武侠小说家之一。王度庐的武侠小说前承文康的《儿女英雄传》,又借鉴了《宏碧缘》、《荒江女侠》的某些写法,标新立异,自成一家。他小说中的男主角既有大丈夫气概,又有儿女情长,女主角感情深沉,气度脱俗,其中最感人的艺术典型是李慕白、玉娇龙。应当指出,在民国小说作家中,是王度庐第一次把"文学是人学"的观念引入武侠世界,他在刻画人物外形与内在品格上或用景物衬托,或用对话铺张,或描写心理活动,恰到好处地表现了中国男女侠客的立体化形象。

8. 武功技击派郑证因

郑证因(1900~1960 年),原名郑汝霈,天津人。郑证因从小爱好拳脚,擅使一把九环大刀,曾拜在北平国术馆馆长许禹生门下学习太极拳,并公开上台献技,后来下海写武侠,故其作品多武功技击招式,开创技击武功一派。郑证因在 30 年代中期,创作了《女侠黑龙姑》、《武林侠踪》,反映一般。40 年代初,郑证因又写出了《鹰爪王》,并一举成名。其后又创作了 80 余部武侠小说,其数量可列同时代武侠小说家之首。郑证因的武侠小说题材开阔,江湖船帮、渔民反霸、关东牧场、天津市肆、三教九流、官场腐败都是他写作的对象。他的语言朴实无华,故事也绝少爱情色彩,不以情取胜,而是以场面宏大、险境迭出来组织结构,笔墨酣畅淋漓,人物刚猛,自成一家。

9. 社会写实派宫白羽

宫白羽(1899~1966 年),原名宫竹心,祖籍山东,生于天津。

宫白羽受过新文化熏陶，写过不少新文艺作品，因为微薄的稿酬无法谋生，所以下海写武侠，《十二金钱镖》为其成名作，也是他的代表作。他以笔做刀，解剖社会中世态人情背后的封建罪恶。后来他还写了《偷拳》、《联镳记》等 27 部武侠小说，都是借武侠故事来抨击封建社会与批判现实。

10. 奇诡神理派朱贞木

朱贞木（1905~？），名桢元，字式颛，浙江绍兴人。他年轻时写得一手好文章，并好绘画治印，后来在天津与李寿民共事，受其影响也开始创作武侠小说。他一共创作了 15 部武侠小说，《虎啸龙吟》、《蛮蛮风云》、《罗刹夫人》，《苗疆风云》是其主要作品，成名作为《七杀碑》。朱贞木写武侠，很注意文体与结构，精心安排材料，追求神理相合，语言也非常有特色，通过活泼诙谐的对话来揭示人物的性格，武打场面往往写得奇绝诡异。朱贞木武侠小说布局、人物塑造与环境描写融为一体，对民国武侠小说家的长处兼收并蓄，这不能不说对中国武侠小说的发展从理论到实践作了一些总结。另外，朱贞木的武侠小说，对港台新派武侠小说影响很大，因为他小巧诡异的风格容易让后人模仿，语言也更接近新文艺，和宫白羽一样，他们都是新旧两派武侠小说的过渡者，从题材、风格到语言，都直接为新派武侠小说家梁羽生、金庸、古龙所汲取。

五、金庸、梁羽生与港台新派武侠小说的崛起

从 1923 年平江不肖生发表《江湖奇侠传》到新中国成立 25 年间，出版的武侠小说多达三亿言，可以说是泛滥成灾了，但也走到了末路。新中国因为坚持文艺为政治服务的方针，提倡社会主义新文艺，有关武侠小说的创作、出版、发行和借阅都统统被

停止。相反，在港澳地区，因为文艺的高度“自由”，武侠小说仍照样流行，只不过要面临适应新时代的问题。1954 年，一场擂台赛后，以金庸、梁羽生为代表的“新武侠小说”诞生了。当时，为了满足“好斗”的读者，陈文统（即梁羽生）撰写了《龙虎斗京华》连载于《新晚报》上，这是第一部开风气之先的海外“新武侠小说”，梁羽生一举成名后，他的好友查良镛一年之后，写成了他的第一部武侠小说《书剑恩仇录》，署名金庸。于是，这两位旧武侠小说的“读友”变成了新武侠小说的“作友”，十年之间陆续写出了《七剑下天山》、《萍踪侠影录》、《塞外奇侠传》、《冰河洗剑录》、《大唐游侠传》、《江湖三女侠》、《射雕英雄传》、《雪山飞狐》、《神雕侠侣》、《碧血剑》等数十部至今仍脍炙人口的武侠小说。“新武侠小说”在香港的兴起成为一个不争的事实。20 世纪六七十年代金、梁相继封笔后，几乎没有再出现过较有影响力的作品，因为就武侠小说而论，“金梁”的确达到了一个相当难以企及的高峰。

在台湾，武侠小说别有一番景象。因为国民党赴台后竭力鼓吹的“反攻战斗文学”不得人心 ，借助西方现代派文学与效法“金梁”和白羽还珠的武侠小说几乎同时出现，作者甚多，作品也大量涌现。著名的作者有卧龙生（本名牛鹤亭）、诸葛青云（本名张建新）、司马翎（本名吴思明）、东方骊珠、醉仙楼主等，据统计，六七十年代台湾的武侠小说作者不下 300 人，作品总数上千部。这些作者大都模仿还珠楼主和金庸的模式，走剑仙派、新剑仙派的路子。直到 60 年代末出现了名震一时的后起之秀古龙（熊耀华），才有了新的特色和变化。古龙之后，武侠写得最多、影响最大的就是温瑞安。

（一）梁羽生

梁羽生，原名陈文统，广西蒙山县人，生于1922年。梁家世代是书香门第，他自幼就从外祖父学习古诗文，接受中国传统文化熏陶。1945年考入广州岭南大学经济系，曾任该校校刊《岭南周报》总编辑。1949年毕业后定居香港，任《大公报》编辑。梁羽生醉心研究历史，尤其对古诗词的爱好，使他具备了扎实的古文根基。他擅长总结和创造新的武侠风格，努力加强武侠小说的可视性与可读性，并提高它的文学性，终于树起了新武侠派的大旗，成为新派武侠的开山之祖。梁羽生的武侠创作自1954年开始，到1984年"封刀"，三十年中共创作武侠小说35种，160多册，字数达2000多万。代表作为《萍踪侠影》、《还剑奇情录》、《大唐游侠传》、《云海玉弓缘》、《七剑下天山》、《狂侠·天骄·魔女》、《女帝奇英传》、《冰川天女传》等。梁氏除写武侠小说闻名于世外，还写了不少文史小品与评论武侠的专文，如《中国武侠小说略谈》、《金庸、梁羽生合论》等学术文章。后来，他移居澳大利亚，潜心于历史研究。

梁羽生武侠小说的特点有以下几个方面：第一，梁羽生首先明确了武与侠之间的关系。他认为侠是目的，是灵魂；武是手段，是躯壳。作为一个大侠，首先是侠，其次才是武。所以，他塑造了一大批代表社会正义化身的侠客英雄，他们与邪恶、"魔"做着生死较量。他也曾不止一次地谈到："很多武侠小说，它根本就没有侠义可言，有的只是离奇怪诞、神怪的故事，甚至没有武，只有神。"[①] 第二，梁羽生的武侠小说具有浓厚的爱国主义思想。他武

①《梁羽生的武侠文学》，台北时代风云出版社，1988年，第87页。

侠作品中的人物不是根据子虚乌有的野史笔记任意杜撰的，是在一定的历史背景下根据历史人物、运用艺术手段塑造出来的，所以，赋予了侠政治色彩。他把爱国主义贯彻在人物塑造的始终，侠士成为了民族斗争的领导人物。梁羽生的爱国主义也突破了传统的忠君爱国思想，而是以中华民族为本位、以中国人民的最大利益为准绳的现代意义的爱国主义。第三，梁羽生具有深厚的传统文学修养和丰富的历史知识，他的武侠小说兼有历史小说之长，又呈现出浓厚的书卷气。他给每部作品的“定场诗”和“终场诗”，不仅与所写的人物故事情节相印证，而且也符合古诗词的音律。如果没有传统古典文学的修养是很难做到的。以《浣溪沙》为例：

独立苍茫每怅然，
恩仇一例付云烟，
断鸿零雁剩残篇。
莫道萍踪随逝水，
永存侠影在心田，
此中心事倩谁传？

一看就知道这是《萍踪侠影录》的定场诗，其中不仅涵盖了书名，而且诗的格调、内容更与小说的内容和悲情的情调一致。至于“八声甘州词”、“沁园春词”等一类的词更是在作品中比比皆是，为小说平添了浓浓的诗情画意，增强了作品的可读性。

（二）金　庸

金庸，姓查，名良镛，1925 年生，原籍浙江海宁。少年时代的金庸曾在海宁读小学，后考入当时很有名的杭州高级中学。金庸在中学时爱好文学，并向报社投稿。抗战爆发后不久，考入重庆国立政治大学外交系，后来转学毕业于东吴大学法学院。金庸的第一份职业是在中央图书馆工作，在这段时间他有机会博览群书，并把文学兴趣从中国文学转向欧美文学。他特别推崇大仲马、司各特、史蒂文森的小说。1946 年他进入《大公报》，1948 年调到香港工作，1949 年和梁羽生成为同事。两人既是报界的同行，又有诸多相同的爱好，比如说下围棋、读书。两人还都是武侠小说迷。梁羽生下海写武侠一举成名，金庸自然不甘寂寞，也开始写武侠小说，并最终成为一代宗师。金庸武侠小说共有十四部（另有短篇《越女剑》），金庸本人将其作品的第一字作对联，十四个字正好是十四部武侠小说：

飞——《飞狐外传》
雪——《雪山飞狐》
连——《连城诀》
天——《天龙八部》
射——《射雕英雄传》
白——《白马啸西风》
鹿——《鹿鼎记》
笑——《笑傲江湖》
书——《书剑恩仇录》
神——《神雕侠侣》
侠——《侠客行》
倚——《倚天屠龙记》

碧——《碧血剑》

鸳——《鸳鸯刀》

金庸小说的特色:第一,金庸的小说基本都有一定的历史背景,他通过武侠的世界,渗透对现实的思考和历史的反思。不同于梁羽生过度拘泥于历史,也不同于古龙完全抛开历史,金庸兼顾历史与文学艺术的关系,以三分历史、七分艺术来写武侠小说。第二,金庸使武侠小说真正成为一门学问。金庸把儒家的进取精神、道家的自在旷达与佛家的修持之学引入侠的世界,通过故事情节表现人物性格,通过人物形象揭示人的本性与社会的客观关系。除了儒、释、道三教外,金庸还把各种学识和传统文化,如琴棋书画引入武侠天地。比如武功,他笔下的人物个个是武功高手,什么降龙十八掌、日照神功、六脉神剑、一阳指等,对于内功的描写更是神乎其神。第三,金庸武侠小说的人物刻画非常成功,他善于表现人物的内心世界,证明了"文学是人学"的文学式样,通过分析人物经历揭示人物个性,达到表现人性复杂与多变的心理特征,完全不同于以往的武侠小说家只知道通过武功的数量来吸引读者,他最终的目的是写人性。

(三)古　龙

古龙,姓熊,名耀华,祖籍江西,1936 年生于香港。他 13 岁随父母定居台湾,毕业于淡江大学外文系,20 世纪 60 年代末开始写武侠小说。1985 年嗜酒如命的他,不幸酒精中毒,不治而逝。他先后写出了《游侠录》、《大旗英雄传》、《武林外史》、《名剑风流》、《绝代双娇》、《侠盗楚留香》、《萧十一郎》、《陆小凤传奇》、《流星·蝴蝶·剑》、《天涯·明月·刀》等作品,形成了他独特的武侠写作风格，成为和金梁齐名的武侠小说家，形成了“古龙热”。古龙作品的艺术特色：第一，古龙对文体进行了大胆的变革，与金庸汲取中国古典文学的精华不同，古龙借鉴了欧美文体，并引入到新武侠的写作范畴。他的语言简洁凝练，富有节奏感和诗意，往往是一句一段，一针见血地刻画人物的性格和心理状态。第二，古龙武侠小说作品中的情节更加曲折离奇，他特别善于设计连环套，惊险曲折，令人一读不能放手。第三，古龙武侠小说中蕴涵丰富的哲理，一方面体现在小说塑造的人物形象上，另一方面则通过人物富有哲理的对话来表现。如：

一个人要能真正懂得享受生命，那么就算他只能活一天，也已足够。（《天涯·明月·刀》）

有的人相信命运，有的人不信。可是大多数人都承认，冥冥中确有一种冷酷而无情的神秘力量。这个世界上确实有些无法解释的事竟是因为这种力量而发生的。（《英雄无泪》）

人类最大的敌人，就是自己。（《那一剑的风情》）

每个人都有逃避别人的时候，可是永远都没有一个能逃避得了自己。（《边城刀声》）

一个人若能多晒晒太阳，就不会做卑鄙无耻的事。无论是谁，在这么可爱的阳光下，都想不出坏主意来的。（《侠盗楚留香》）

（四）温瑞安

温瑞安生于1954年，其父温伟民系广东梅县人，祖父是民

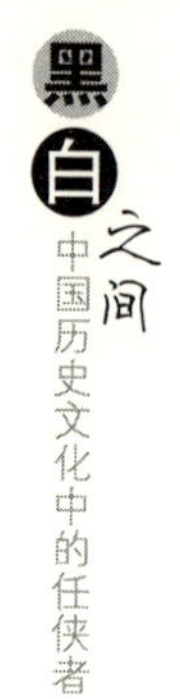

国时官吏。温伟民年轻时下南洋，定居马来西亚，当过记者、教员，除教书外，也好武术，这对温瑞安走上创作武侠小说道路有很大影响。温瑞安在新马文坛出道较早，从创作新文艺进入文坛，到下海写武侠不到20年，至今出版作品已达357部。20世纪70年代末至80年代中期，台湾与香港先后出版了他的“四大名捕系列”、“神州奇侠系列”、“布衣神相系列”、“七大寇系列”，获得广大读者称赞。金庸、倪匡也都表示赞赏。他是继古龙之后，当今武侠世界独领风骚的挂帅人物。

温瑞安小说的艺术特色:第一，温瑞安用现代派的语言艺术去表现传统题材，从而创造出既讲究悬念又注重人物形象塑造的文学故事。在写法上与古龙有相似之处，力求文句短小优美，时有警句格言，但是节奏更快，让人有紧迫感，欲罢不能，情节也更加曲折离奇，更出人意料。第二，温瑞安的观念更加的现代化，不受时代的约束。第三，更加突出“文学是人学”的艺术特点。温瑞安笔下的人物，大都是他自身性格的一种表现，很善于把自己的个性融化到某一个大侠身上，用学到的各种知识来丰富作品的思想内涵。温瑞安对历史、文学、宗教、美学、武术、相学均有研究，其小说人物也打上了这些文化观念的烙印。在新派武侠小说家中，通过典型人物来体现作者的追求与性格，只有古龙与温瑞安最为成功。

第五章　中国侠文化的审视与思考

一、侠文化是中国传统文化的重要组成部分

侠自秦汉起，慷慨悲歌，是中国历史上独特的“悲剧英雄”。两千年来，侠是“自由”和“兼爱”的象征，并由这二者构成了侠义理想价值追求的两大支柱。自由，是侠对自身价值的肯定，其中包含着侠的自我放纵和对朝廷及其统治精神的叛逆。兼爱，是侠对他人价值的肯定，其中包含着侠的博爱、平等和在游侠阶层内部的义气相倾。唐李德裕《豪侠论》云：“夫侠者，盖非常人也。虽然以诺许人，必以节义为本。义非侠不立，侠非义不成。”可见不管文侠武侠，其行为都离不开“义”。侠之“义”乃是侠之所以为侠的精神支柱。中国传统文化根本上是一种伦理型文化，其精神指向既不在于征服外部自然，也不流于狭隘地关怀自身，而是始终关注群体和社会的有序和谐。恰如F.卡普拉所说：“中国人是讲究实际的人民，具有高度的社会意识，所有的哲学流派都以这种或那种方式关心社会生产、人的关系、道德价值和政治……”①“义”则是维系这种有序和谐的基本规范。“义”的各个层面的内

①[美] F.卡普拉著，灌耕编译：《现代物理学与东方神秘主义》，上海三联书店，1983年，第79页。

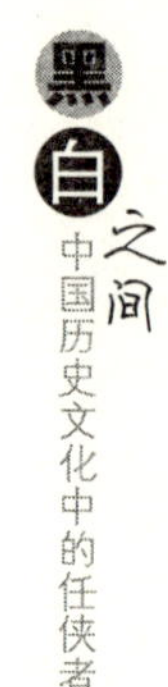

涵在侠文化的流传史上得到各自不同的演绎和体现：或是取其一点，加以提升，如春秋战国时代的“侠”将“义”看做比生命更为宝贵的东西；又或是体现了各个层面，如清代的侠。所以说，一部侠文化史，实则是“侠”与“义”为核心、相结合的历史。侠是行为，义是观念；义是侠的目的，是侠的内在规定，而侠则是义的手段，是实现义的基础和前提。在博大精深的传统文化中，侠文化有着自己的一席之地。不同的是，侠文化既不像儒、墨、道、法那样成为重要的学派、门派，也不像兵、医、农、建那样成为国计民生的重要环节与手段。侠文化，是中国传统文化中的“独行侠”，它虽不立门派，但却又无往而不在，渗透在各个文化领域之中。侠文化是纯“文化”，纯“精神”，纯“意识形态”。侠文化，一言以蔽之，也就是侠义精神。侠文化，就是以侠客义士为主角，以歌颂侠义精神为主旨的文学作品。它包括传记、诗歌、戏剧、小说和论述武侠的评论小品，其中以小说为主体，由此诞生了中国文化史上一个独特的文学品种：武侠文学。

自司马迁的《游侠列传》为侠文化开头之后，班固承继其精神作《游侠传》，到历代文人对侠的赞颂——“纵死犹闻侠骨香”，到社会对侠的渴盼——“乱世天教重侠游”，自古迄今，“侠”已不仅仅是作为一个实实在在的个人或群体而存在，而更多的是作为一种“文化符号”而存在。它在中国的传统文化中以其特有的魅力吸引了无数的目光，竟连儒学名士也经常以“侠”自比，从“抚剑独行游”的陶渊明，到“豪气一洗儒生酸”的苏东坡，更有“醉里挑灯看剑”的辛弃疾，“一箫一剑平生意，尽负狂名十五年”的龚自珍，书剑相合的文化追求，构成了中国文化史上独特的“千古文人侠客梦”的现象。

但侠文化却不是作为一种大传统文化在中国传统文化中存在的，而是从韩非子为它定性——“侠以武犯禁”开始，就受到正统文化的排摒，尤其到秦汉大一统政权建立之后，随着侠活动空间的转移，侠文化更多地受到下层民众的推崇而带有民间文化的特性。换言之，它通行的主要渠道是在民间的小传统文化中。侠之“行虽不轨于正义，然其言必信、其行必果、已诺必诚，不爱其躯，赴士之阨困”[①]的行径，已成为“人间正义”的代表和诚信人格的化身而获致人们的私许，表达了他们在“政治腐败时期的法外认同”[②]。在侠文化的流传过程中，由于部分文人的介入，又把大传统文化中的一些与之相关的因素纳入其中，提升了侠的境界，建构出一种独特的“侠伦理”与“侠精神”。如儒家文化中的“忠义”观，后来演变成了侠文化中“为国为民”的行为及人格气节；道家追求的“逍遥”境界、“自由自在”的个性及其对“本真”存在的维护等，成就了侠之独来独往、不贪图名利的精神气质和人格特征；佛陀悲天悯人、救苦救难的慈怀宏愿，与侠有着相通之处，佛的普度众生，与侠的拯救众生，更有内在的同一性。如此等等，在侠的身上，综合了多种文化元素和文化符号，从而构成侠多元的文化面相。可以说，侠文化的发展是大传统文化与小传统文化不断碰撞、交流、影响和融合的过程。

从《后汉书》起，史家不再为游侠作传，但这不等于社会上不再存在游侠。魏晋南北朝的诗篇、唐代的传奇，以至于宋元话本，其中的侠客形象，不少带有其创作时代生活的印记。如魏晋时期

①司马迁：《史记·游侠列传》。

②张火庆：《从自我的抒解到人间的关怀》，载刘岱主编：《中国文化新论·文学篇(二)：意向的流变》，生活·读书·新知三联书店，1992年，第496页。

曹植的“捐躯赴国难，视死忽如归”的“幽并游侠儿”，陶渊明的“少时壮且厉，抚剑独行游”的游侠之念。南北朝则更有大量的咏侠诗篇，鲍照的《结客少年场》“骢马金络头，锦带佩吴钩。失意杯酒间，白刃起相雠。追兵一旦至，负剑远行游。去乡三十载，复得还旧丘”；刘孝威的《结客少年场行》中“腰插铜匕首，障日锦屠苏。鸷羽装银镝，犀胶饰象饰。近发连双兔，高弯落九乌”的六郡少年；吴筠的《咏宝剑》中“照人如照水，切玉如切泥”的昆吾宝剑；王筠的“晨驰逸广陌，日暮返平陵。举鞭向赴李，与君万代兴”的《侠客篇》；更有无名氏之“褰裙逐马卷如蓬，左射右射必叠双”的李波小妹之形象；王褒《游侠篇》“斗鸡横大道，走马出长楸”的朝四姓、遏五侯的豪侠形象。

隋唐时期，文人承继魏晋南北朝时期之侠客梦，孔绍安之《结客少年场》再塑“雁在弓前落，云从阵后浮。吴师惊燧象，燕将警奔牛”之定三边、封万户侯的游侠形象。辛德源之《白马篇》则对“宝剑提三尺，雕弓韬六均”的任侠大加讴歌。盛名后世的李白自幼便以“游侠儿”自居，“十步杀一人，千里不留行。事了拂衣去，深藏身与名”①。看来李白提剑杀人恐非妄谈。李白诗歌更讴歌了“手挥白杨刀，清昼杀仇家。罗袖洒赤血，英气凌紫霞”的秦氏女侠形象。至于“杀人如剪草，剧孟同游遨……叱咤万战场，匈奴尽奔逃”②，“笑尽一杯酒，杀人都市中。羞道易水寒，从令日

①李白《侠客行》：赵客缦胡缨，吴钩霜雪明。银鞍照白马，飒沓如流星。十步杀一人，千里不留行。事了拂衣去，深藏身与名。闲过信陵饮，脱剑膝前横。将炙啖朱亥，持觞劝侯嬴。三杯吐然诺，五岳倒为轻。眼花耳热后，意气素霓生。救赵挥金槌，邯郸先震惊。千秋二壮士，烜赫大梁城。纵死侠骨香，不惭世上英。谁能书阁下，白首太玄经。

②李白《白马篇》：龙马花雪毛，金鞍五陵豪。秋霜切玉剑，落日明珠袍。斗鸡事万乘，轩盖一何高。弓摧南山虎，手接太行猱。酒后竞风采，三杯弄宝刀。杀人如剪草，剧孟同游遨。发愤去函谷，从军向临洮。叱咤万战场，匈奴尽奔逃。归来使酒气，未肯拜萧曹。羞入原宪室，荒淫隐蓬蒿。

贯虹”[①]，亦道尽李白胸怀之豪气。李白亦有“儒生不及游侠人，白首下帷复何益”的感叹。王维等人的边塞诗，也从游侠身上找到了共鸣，他们对游侠的仰慕，从其所表达的驰骋塞外、建功立业的集体志向看，表露无遗。这种共鸣直至近代，仍回响不绝。龚自珍“一箫一剑平生意，尽负狂名十五年”的自我表白，谭嗣同的“拔剑欲高歌，有几根侠骨”的任侠气度与烈士精神，都是侠风的继承与延续。尤其晚清的一代志士，在推翻清廷的政治目标和时代风气的激荡下，大都具有谭嗣同式的任侠心态和游侠作风，有自号“鉴湖女侠”的秋瑾，有刺杀摄政王的汪精卫的“慷慨歌燕市，从容作楚囚。引刀成一块，不负少年头”的任侠豪迈之气。

当表现侠客的任务由史家转移到诗人、小说家、戏剧家肩上时，这种侠客形象的主观色彩更是大大强化。而且随着时代的推移，侠的观念越来越脱离其初创阶段的历史具体性，而演变成一种精神、气质，比如侠骨、侠情、侠节、侠气、侠烈、侠行等。只有到那时，才能说侠与人的社会或家庭背景无关，不属于任何特殊阶层，而只是一种富有魅力的精神风度及行为方式。[②]

如果说“咏侠诗”更适合于借此表达诗人特立独行的精神向度和人格追求，那么，在众多文人的笔记杂俎中，上承司马迁“缓急人之所时有”的社会关怀而来的对侠之拯济功能的赞颂，更是俯拾皆是。明人张潮《幽梦影》中的一段话，道出了他们共同的心声：“胸中小不平，可以酒消之；世间大不平，非剑不能

---

①李白《结客少年场》：紫燕黄金瞳，啾啾摇绿鬉。平明相驰逐，结客洛门东。少年学剑术，凌轹白猿公。珠袍曳锦带，匕首插吴鸿。由来万夫勇，挟此生雄风。托交从剧孟，买醉入新丰。笑尽一杯酒，杀人都市中。羞道易水寒，从令日贯虹。燕丹事不立，虚没秦帝宫。舞阳死灰人，安可与成功。

②陈平原：《千古文人侠客梦》，人民文学出版社，1992年，第6页。

消。”[①]但是，作为正统文学的诗文，毕竟属于上层文化，更多代表着文人的理想，与民间大众存在着传播与交流的隔阂，况且由于文体的限制，无法真正展开对“侠行”的描写和叙述，只是“侠之风范”的意象再现和“侠之精神”的抽象概括而已。这一任务自然应当由以叙事为职的小说和戏曲来承担，只有它们，才能把侠客的行径具象化、故事化。就戏曲而言，仅从分类上就可以窥见一二，“豪侠”是杂剧、传奇的重要表现对象。元人夏庭芝在《青楼集志》中，首对杂剧作如下分类：“有驾头、闺怨、鸨儿、花旦、披秉、破衫儿、绿林、公吏、神仙道化、家长里短之类。”[②]其中的“绿林杂剧”，应当写的是豪侠的故事。至元末明初，朱权的《太和正音谱》又将杂剧分为十二科：“一曰神仙道化，二曰隐居乐道（又曰林泉丘壑），三曰披袍秉茹（即君臣杂剧），四曰忠臣烈士，五曰孝义廉节，六曰叱奸骂谗，七曰逐臣孤子，八曰朴刀杆棒（即脱袍杂剧），九曰风花雪月，十曰悲欢离合，十一曰烟花粉黛（即花旦杂剧），十二曰神头鬼面（即神佛杂剧）。”[③]虽然分类较杂，不易辨析，但“朴刀杆棒”一类，应当主要写的是豪侠故事，在说话的“小说科”中，就有“朴刀杆棒”的内容。明代吕天成的《曲品》将传奇分为六门：“一曰忠孝，一曰节义，一曰风情，一曰豪侠，一曰功名，一曰仙佛。”[④]其中“豪侠”一门，已独立单列（即使“忠孝”、

---

①陈继儒等著，罗立刚校注：《小窗幽记（外二种）》，上海古籍出版社，2000年，第199页。

②中国戏曲研究院编：《中国古典戏曲论著集成》（二），中国戏剧出版社，1959年，第7页。

③中国戏曲研究院编：《中国古典戏曲论著集成》（三），中国戏剧出版社，1959年，第24页。

④中国戏曲研究院编：《中国古典戏曲论著集成》（六），中国戏剧出版社，1959年，第223页。

"节义"门中,侠风义概,也时时可见,因为它们是相通的)。可见,"侠"已成为戏曲的重要题材之一。而小说,则更是"侠"的主要载体。侠义小说从唐代开始兴盛,自唐迄清,已成为小说史上的一个重要类型,一直延续至今。在被历代"经典化"的小说中,几乎大部分都涉及到侠或内在精神里深含侠骨豪气的内容。这从《三国志演义》和《水浒传》被合刻为《英雄谱》的类型设定中,从"三言"、"二拍"到《聊斋志异》的侠类短篇小说中,可以充分窥见;就《西游记》而言,虽为正宗的神魔小说,但谁说孙悟空的斩妖除魔不是行侠仗义?即使沿世情小说一路而来的才子佳人小说,也大量存在侠义的内容,《好逑传》不就一名《侠义风月传》吗?甚至《儒林外史》和《红楼梦》中,亦不无侠的身影;至于公案小说,从它的诞生之日起,就和"侠"纠结在一起,其他的真正被划归到侠义类的小说,就更多不胜数。梁启超在《小说丛话》中,曾将中国小说分为三大类,神怪、英雄、儿女。"吾以为人类于重英雄、爱男女之外,尚有一附属性焉,曰畏鬼神。以此三者,可以赅尽中国之小说矣。"[①]其中的"英雄"类,不言而喻,大多是写侠或与侠有关的小说;就神怪与儿女类言之,也不无与侠有关的内容。从清末历经民国到现代,从侠义小说发展而来的新旧武侠小说,至今仍是影视艺术改编的主要题材之一,深受大众的欢迎,亦屡屡获奖。

在侠义小说发展史上,"侠义精神"虽然随着时代的演变而呈现出不同的特征,但侠客们锄强扶弱、济困扶危、重义守诺、除暴安良、见义勇为等行为特征,却一直延续下来。尤其"侠"作为

①夏晓虹辑录:《〈饮冰室合集〉集外文》,北京大学出版社,2005年,第149页。

一种拯救者的代号与象征，成为"社会正义"的集中体现，他们替天行道的行为，也成为"王法"的一种必要补充，因而受到下层民众的拥戴，富有鲜明的"民间性"特征。正如陈平原先生所说："侠不一定擅长剑术，也不一定杀人报仇。更重要的是游侠的行侠出于公心，于乱世中拯危济弱主持公道。"①开一代新武侠小说风气的梁羽生，对"侠行"的概括更为简明，就是"对大多数人有利的正义的行为"。集新武侠小说大成的金庸，直接提出"为国为民，侠之大者"的观点。这一被"法外认同"而存在的侠，最大地满足了下层民众伸张正义的政治诉求和善恶有报的社会期盼。因此，侠义小说中一个个正义战胜邪恶、勇力遏制暴力、济困扶危、替天行道的"准童话"故事，凝聚着广大民众的理想和心愿。对此，近人江子厚的概括最为精炼："世何以重游侠？世无公道。民抑无所告诉，乃归之侠也。侠者以其抑强扶弱之风，倾动天下。"②

那么，这种无往而不在的侠文化、"侠义精神" 具体体现如何？春秋战国时代的"豪侠"（即"游侠"），最突出的莫过于战国"四公子"，即魏国的信陵君魏无忌、赵国的平原君赵胜、齐国的孟尝君田文、楚国的春申君黄歇。"四公子"者，诚如司马迁所说，皆为"王者亲属，藉于有土卿相之富厚，招天下贤者，显名诸侯，不可谓不贤者矣"③。"四公子"不炫耀自己的权势，却大肆招养天下贤士，待之以礼，衣食有加，而且还尊重他们的习惯，发挥他们的特长，让他们"为我所用"，"养士"多达三千余人。其中，当然有良莠不齐、滥竽充数的"鸡鸣狗盗之徒"，但也的确不乏智勇之士

①陈平原：《千古文人侠客梦》，人民文学出版社，1992年，第89页。
②江子厚：《陈公义师徒》，《武侠丛谈》，上海书店影印本，1989年，第185页。
③司马迁：《史记·游侠列传》。

和栋梁之材，包括“侠义”之士。在司马迁看来，“四公子”者流即春秋战国时代的“豪侠”，也可说是贵族卿相之侠。《史记》的这一观点，直接为班固所接受，在《汉书·游侠传》中写道：“陵夷至于战国，合纵连横，力政争疆，由是列国公子，魏有信陵，赵有平原，齐有孟尝，楚有春申，皆藉王公之势，竞为游侠，鸡鸣狗盗，无不宾礼。”①在贵族卿相之侠之外，显然还有大量的“平民之侠”。在上引那段话之前后，司马迁还有这样一些话：“古布衣之侠，靡得而闻矣……至如闾巷之侠，修行砥名，声施于天下，莫不称贤，是为难耳。然儒、墨皆排摈不载。自秦以前，匹夫之侠，湮灭不见，余甚恨之。”②在这段话中，除了“四公子”者流的贵族卿相之侠，司马迁连用了“布衣之侠”、“闾巷之侠”、“匹夫之侠”三个同义词，而且对他们的“湮灭不见”甚感遗憾（即“甚恨之”）。这一方面说明了司马迁的“平民意识”，但更主要的还是“历史的真实”，即“布衣之侠”在春秋战国（即《史记》中的“近世”）时期确实存在。

那么，这些“布衣之侠”又有一些什么突出特点呢？ 司马迁也说得十分明白：“今游侠，其行虽不轨于正义，然其言必信，其行必果，已诺必诚，不爱其躯，赴士之阸困，既已存亡生死矣，而不矜其能，羞伐其德，盖亦有足多者焉。”③用今天的话说就是：如今的游侠们，其行为虽然有时不符合社会正义，然而他们说话算数，言必信，行必果，忠于诺言，舍死忘生，而又有谦虚之美德，不夸耀自己的本领，不吹嘘自己的美德，实在是值得赞扬啊！ 司马迁这段话，早已成了“游侠”以及后来的“侠客”、“侠士”等的经典定义，历来为史学界一致认可。对司马迁的这段话，大概要数

①班固：《汉书·游侠传》。

②③司马迁：《史记·游侠列传》。

齐思和先生演绎得最为透彻。他说："惟春秋之侠士刺客，犹限于贵族。至战国则举国皆兵，游侠好勇之风。遂下被于平民。于是抢关击柝，屠狗堆埋之流，莫不慷慨激昂，好勇任侠，以国士自许。而当时之王公大人，或用之以复仇，或资之为爪牙，往往卑礼厚币，倾心结纳。严仲子以万乘之卿相，而下交于聂政；信陵君以强国之公子，而屈礼于侯生。此种泯除贵贱之态度，实封建时之所未有。而侠客亦遂激于宠礼，慷慨图报；一剑酬恩，九死无悔。"①这里将"侠士刺客"并提，亦源自司马迁。《史记》中，除《游侠列传》外，又有《刺客列传》，写了荆轲、聂政、豫让、专诸诸人。这些刺客，也就是"平民之侠"，被燕太子丹、严仲子、田光等王公大臣所收养，扮演了刺客、杀手的角色。透过上述演绎，侠义精神也就不说自明，它实在是人类善良天性之一种。用今天的话说，所谓侠，就是路见不平，拔刀相助，即"打抱不平"；所谓义，就是正直、正派、正气，肝胆相照，舍死忘生。"侠义"，合起来，就是侠肝义胆。为了国家，为了民族，为了正义，为了事业，甚至仅仅为了报答个人的知遇之恩，就可以赴汤蹈火，在所不辞。正因为侠义精神是人类善良天性之一种，它也就被各个思想流派所关注，乃至渗透在不少思想流派的哲学精义之中。比如儒、墨、道、法四大家，正是如此。儒家讲"杀身成仁，舍生取义"，仁义并提，评价很高；墨家被认为是侠的祖先，主张"摩顶放踵利天下"，墨子本人更被认为是古之大侠；以老庄为代表的道家对侠义也有独特而精到的解释，庄子就曾说："盗亦有道乎？何适而无道邪？夫妄意室中之藏，圣也；入先，勇也；出后，义

---

①齐思和：《战国制度考》，《燕京学报》第24期，1938年。

也;知可否,智也;分均,仁也。五者不备,而能成大盗者,天下未之有也。”[①]这样解释仁义,当然充满了诡辩论的色彩。但至少说明,道家也并不否定仁义。对侠义最不友好的是法家,他们说“儒以文乱法,而侠以武犯禁”[②],儒、侠一起反对。但对侠的指责只是“以武犯禁”的行为手段,并未否定侠义本身。正因为侠义精神是人类善良天性之一种,文学作品中对它的讴歌也就史不绝书。盖自陶渊明开始,历朝历代赞扬侠义精神和侠义英雄的诗歌不绝如缕,合起来不下数百首。而在许多古典小说中,侠义精神也始终是讴歌的对象。特别魏晋滥觞,唐传奇中出现高潮,宋元明清绵延不绝的侠义小说[③],更成了中国小说史中的一大门类。诸如《干将莫邪》、《李寄》、《红线传》、《聂隐娘》、《昆仑奴》、《虬髯客传》、《剑侠传》、《续剑侠传》、《赵匡胤千里送京娘》、《蔡瑞虹忍辱报仇》、《李汧公穷邸遇侠僧》、《宋四公大闹禁魂张》、《三遂平妖传》、《绿野仙踪》、《儿女英雄传》、《三侠五义》(《七侠五义》)等,简直指不胜屈。这些侠义小说,成了侠文化的艺术结晶、艺术载体,也成了自清末民初开其端绪的大量武侠小说的前身。在诸如《三国演义》、《水浒传》等长篇小说中,侠义精神也几乎都是“主旋律”。

二、侠文化的实质

正如前面章节所论述的,任侠者的先驱是来自于春秋时期政治权力场斗争所需要的“盗”、“贼”与勇士等,由于统治阶层内部争夺权力的需要,当合法的方式无法满足政治目的,或为攫取

①庄子:《庄子·胠箧》。
②韩非:《韩非子·五蠹》。
③鲁迅:《中国小说史略》,北京新潮社,1923~1924年。

新的权力，又无法按正常秩序进行时，便常诉诸于非正规的、不合法的暴力形式。这时，游侠、刺客类的人物便有机会粉墨登场了。这种来自社会上层的行为，无疑助长了社会生活领域的暴力倾向。因而，主张以严刑峻法治国的韩非将他们看成是五种社会蛀虫之一（即“五蠹”，见《韩非子·五蠹》），称其是“以武犯禁”、“活贼匿奸，当死之民也”，并说他们是“聚徒属，立节操，以显其名，而犯五官之禁”。[①]其后站在国家控制立场上的著史者都肯定了这一观点。譬如，班固在《汉书·游侠传》中称游侠是“以匹夫之细，窃杀生之权，其罪已不容于诛矣”。而且他认为他们的行为会使“背公死党之议成，守职奉上之义废矣”。[②]东汉荀悦云：“立气齐，作威福，结私交，以立强于世者，谓之游侠。”[③]如淳的注解为：“相与信为任，同是非为侠。所谓权行州里，力折公侯者也。”[④]即使盛赞任侠者的司马迁也在《史记·游侠列传》里说得很明白，“今游侠，其行虽不轨于正义”[⑤]，也间接反映了任侠者的社会属性。

但是，从社会民众自身权利的需要和社会整体信任机制而言，任侠者的存在和肯定，乃至被民间褒扬和追慕，是有一定社会基础的。任侠者的“任”准确地反映了社会民众对利他主义的需求和赞扬。《墨子·经上》：“任，士损己而益所为也。”毕沅注释得很明白：“任，谓任侠。”[⑥]《经说上》又说：“任，为身之所恶以成

①王先慎：《韩非子集解·五蠹》。
②班固：《汉书·游侠传》。
③荀悦：《前汉纪·前汉孝武皇帝纪》。
④司马迁：《史记·季布列传》。
⑤司马迁：《史记·游侠列传》。
⑥《墨子·经上》

人之所急。”[①]这完全勾画出任侠者一副见义勇为、赤裸裸的利他主义者的形象。

而自汉代已降的整个中国传统社会时代，由于民众，特别是社会弱势群体对自身权利的强烈诉求，逐步转变成对任侠者的极度赞颂和追慕，寄希望于游离在主流社会内外的这样一个组织化了的群体，作为他们的“救世主”，更何况，如司马迁所说：“且缓急，人之所时有也。”[②]当人们在无助的时候，更是钟情于这个特殊群体。这也正是中国侠文学创作取之不竭的资源，无论是中国古代忠孝系列的侠义传，如《水浒传》、《三侠五义》等，抑或是近代以来两次影响巨大的“武侠狂潮”，尤其是金庸、梁羽生、古龙等的作品，对社会民众影响甚大，更遑论正处在叛逆期和成长期的青少年。而问题恰在于，如果社会的公平正义和民众的权利保障借助于政府和合法组织之外的力量，那么这个社会绝大多数民众的权利将在多大程度上得到相应的保障呢？

概括地看，任侠文化的积极意义表现在两个方面：其一，任侠者的报仇解怨和民事调解，部分地满足了民间的某种需要；其二，任侠者的任侠行为，部分地弥补了司法不公造成的社会失衡心理。而任侠文化的消极作用，也很明显地体现在两方面：一是任侠者的秘密化与组织化，加剧了社会的不稳定和不协调；二是任侠者的暴力行为，给社会其他成员带来了诸多负面效应。总之，中国传统文化中的任侠文化，说到底，就是一个看似绚丽多姿的罂粟花，这既会让孩童们迷恋于此，更会成为成年人恒久咀嚼的童话与美梦。它真实地反映了传统时代庞大的社会弱势群

---

①《墨子·经上》

②司马迁：《史记·游侠列传》。

体在维护自身权利无助时的一种无奈“情结”，即寄希望于个人或群体困厄之际及时出现超级“拯救者”。正如上述论及的那样，终中国传统时代，应如此社会需要的任侠者大有人在，甚至前赴后继，但一个基本的史实是，他们不仅没有成为救世主，反而进一步加剧了社会暴力组织化的倾向，这种凭一己喜好断人生死的非理性行为，事实上与现代文明社会是无所助益的。现代社会成员权利的保障是多方面的，首要条件就是真正的法制社会得到确立。尽管时至今日，众多的民众一厢情愿地希冀“侠”的出现，网民们甚至冠以“上海杨佳案”的杨佳、“湖北巴东案”的邓玉娇以“大侠”、“侠女”之名，但这恰恰反映了社会弱势成员自身权利受损得不到应有保障时，无可奈何的发愤一击，难道现代社会，每每都要通过如此的“侠行”来维护我们的权利？难道你真以为小说家言“侠之大者，为国为民”，会给社会的绝大多数成员带来真正的公平和正义？如真能如此，我们就不需要花一两百年进行社会全面变革的近现代化了。真实的情况是，我们直到现在还没有完全完成这一历史转型，社会成员应有权利的保障之路仍然荆棘丛生。

三、侠文化对当下的影响

（一）侠文化与有组织犯罪之间的历史联系和影响

当前，我国的黑社会犯罪（有组织犯罪）活动极为猖獗，已成为危害我国社会治安的巨大隐患，是造成民众不安全感和心理紧张的主要来源，预防和打击黑社会性质组织犯罪已刻不容缓地被提到议事日程上来。2000 年 12 月 10 日，最高人民法院颁布了《关于审理黑社会性质组织犯罪的案件具体应用法律若干问题的解释》；公安部于 12 月 11 日召开了“打黑除恶”专项斗争动员会,决定从2000年12月开始,在全国开展一项为期10个月的“打黑除恶”专项斗争;2002年4月28日,九届全国人大常委会第二十七次会议通过的《关于〈中华人民共和国刑法〉第二百九十四条第一款的解释》,就刑法规定的黑社会性质的组织作出了立法解释,标志着“打黑除恶”斗争成为我国当前治安问题的头等大事,也为我国从重从快打击黑社会性质组织犯罪提供了更为有力的法律依据。

资料显示,政治腐败对黑社会犯罪的孳生与蔓延负有不可推卸的责任。长春黑老大梁旭东,因多次违法行为被公安机关打击处理,根本不具备当警察的条件,1995年10月,却在某些领导的“关照”下,以假文凭和某事业单位“保卫科长”的假身份,调入长春市公安局,成为朝阳区分局刑警队侦察员,从1994年到1998年短短的几年内,他不仅使长春市的12名处级以上党员干部、10名警察、5名检察官、4名法官、5名司法警察“下水”,而且自己长年包租五星级宾馆总统套房,出席豪华宴会还常有官员相陪,成为长春地面“黑白两道”都走得通的人物。当地的经济纠纷、个人矛盾、帮派斗争……只要找到梁旭东,很少有人敢不给“面子”。即使在他被刑事拘留后,他还叫嚣:“我上面有人,一两个月就能出去!”他曾大言不惭地说:“我在社会上混得明白,是因为我有三把刀:第一把刀,我是警察,谁敢不怕我?第二把刀,我是黑社会,谁敢不服我?第三把刀,我有关系网,上面有人罩我,谁能把我怎样?”

堪称中国最大黑社会案的沈阳刘涌黑社会犯罪案,涉及的官员之多、官位之高堪称当代中国黑社会犯罪案之最。据中纪委调查组查实,与刘涌案牵涉的官员上至辽宁省原副省长、沈阳市

原市长慕绥新、常务副市长马向东，下至沈阳市各局局长及和平区的部分领导、警察。刘涌的发家史可谓充满了“刀光剑影”。1992年，他持枪打伤了一名派出所副所长，被警方通缉……1999年6月，他通过向马向东行贿、替他偿还200万元巨额赌债后，以极低廉的价格取得沈阳中街部分商业开发权，大搞“砸拆”，暴力动迁。中街大药房等单位没有顺从，刘涌指使打手手持凶器，在光天化日之下砸毁药房，砍伤值班经理和多名员工，还把附近两家店铺的玻璃砸坏，在整个行凶过程中，不仅没有警察过问，连据实报道此事的晚报也牵连遭殃，最后甚至以晚报道歉，药房老板求和而告终。刘涌流氓成性，随意砍杀，滥伤无辜，所犯命案竟无法完全统计。一个“算命大仙”说了几句不顺耳的话，他就大发雷霆，指使打手将其连扎15刀，肠子都流了出来。为发泄私怨，他指使手下将辽宁省某银行副行长砍成重伤。刘涌在驾车途中发现某大学一位副院长的车随后行驶，就以“跟踪”为由，派打手将其打成重伤……

浙江温岭张畏、王秀方黑社会性质组织用金钱控制了党政干部42人，司法机关干部15人，金融机构干部10人。其中包括前温岭市公安局局长杨卫中和温岭市前市长周建国。他们对张畏的关怀“无微不至”，张畏在温岭的别墅围墙上甚至有一块写着“温岭市公安局重点保护单位”的牌子。

广西警方在百色市端掉一个曾造成澳门赌场劫案的特大犯罪团伙，33名黑帮骨干分别被指控11项罪名。与此同时，警方还查明，充当“黑帮”保护伞的百色地市政法人员共有11人，其中包括百色市公安局原局长农家益、原副局长李红专、原政委马斯克、原副局长黄政贤、原治安大队长梁成新、百色地区公安局原副局长谭学仁等。

有学者撰文描述社会不良政治现象道:“今日之官场，除了某些官员的贪贿堕落之外，还有一道令人十分惊诧却也算得上‘靓丽’的风景线,那就是某些官员之间的雇佣刺客相互谋杀。有环保局副局长杀正局长的,有公安局局长杀害县委书记的,有县长谋杀县委书记的,也有市委书记谋害市长的……据媒体报道,江西省安义县的陈锦云,早在1994年当县长时,为了自己当上县委书记,就雇凶将当时的县委书记胡次乾用吉普车‘撞飞’;他当上县委书记后,又雇刺客杀害县委副书记万先勇。”①

何秉松教授指出:“政治腐败的严重危害之一，就是它与有组织犯罪的互动关系。一方面政治腐败会导致有组织犯罪日益猖獗,它是黑社会组织孳生和发展壮大的温床;另一方面,有组织犯罪的介入政治又使政治腐败变本加厉。”②有学者运用西方理论,将这种互动关系称之为“权力寻租与黑社会犯罪”现象。③

此外,黑社会性质犯罪组织蔑视,甚至随意践踏法律、疯狂掠夺财富也达到了极致:

制造常德劫案的张君黑社会犯罪集团在1994年至2000年的6年时间里,流窜重庆、湖南、湖北三省市,作案12起,杀死22人,杀伤20人,掠财500多万元。

四川宜宾两个黑帮火并,一方老大被杀,在送葬仪式上,高档轿车排成的车队一眼望不到头,乐队高奏《上海滩》的音乐,

①刘荣升:《刺客的兴盛》,《社会科学论坛》,2001年第1期。

②何秉松:《黑社会犯罪的自组织原因论(下)》,《政法论坛》,2002年第5期。

③邱格屏:《试析当今中国黑社会组织的政治基础》,《青海社会科学》,2002年第2期。

500余人的送葬队伍穿着统一的黑色西服，佩黑领带，气焰十分嚣张。

据《楚天都市报》报道，武汉竟出现“报仇公司”。打出的广告是“我们有专业的人为你跟踪报复你的‘仇人’，不管他身在何处都会按照你要求的程度做好。至于有更高的要求，只要出钱”。广告还亮出咨询电话，并声称400元即可“修理”一个人①。

在2001年3月全国人大会议期间，北京市两位人大代表在“两高”报告讨论会上正式提到少年黑社会苗头问题。资料同时显示，被我国警方摧毁的一些黑社会性质犯罪集团的成员平均年龄24.3岁，最小的仅16岁。江苏宜兴历史上最大的带黑社会性质的少年犯罪团伙案涉案人员达100余人，年龄大都在18岁左右，两个头目分别只有18岁和20岁。湖南岳阳有一个自称“寒血党”的组织，其成员都是十一二岁的孩子。面对这一新趋势，有学者指出，21世纪青少年的黑社会性质组织犯罪将会上升，黑社会性质组织犯罪将会是青少年的突出犯罪。

毋庸讳言，黑社会性质组织及其犯罪活动，已成为目前社会治安工作中最复杂、最棘手的问题。使黑社会性质组织得以孳生和迅速蔓延的社会根源是多方面的。其中，传统文化中固有的犯罪文化是它产生的一个重要方面。当代众多的法学研究者都深刻地认识到了这点。何秉松先生说：“我国传统犯罪文化非常复杂，大部分来自下属社会，这是由武侠、艺人、术士、强盗、绿林以及帮会、秘密教派等所谓游民或江湖人物及其活动产生的犯罪亚文化，可以统称为游民文化或江湖文化。”② 有些学者则称它

①《武汉惊现“报仇公司”》，《法制博览》，2002年第12期。

②何秉松：《黑社会犯罪的自组织原因论（下）》，《政法论坛》，2002年第5期。

为“流氓文化”,是传统文化中的亚文化。周良沱指出:流氓阶层在我国传统社会中源远流长，他征引陈宝良先生勾画出有关先秦时期的惰民与游侠、秦汉时期的恶少年、直到清代的无赖棍徒等“不工不农不商不仕之流民(游民)与流氓”,尖锐地抨击今日黑恶势力“信奉的是道地的流氓文化:‘义’字当先的结盟意识,有奶便是娘的雇佣意识,杀人抢掠的土匪意识,与古之流氓恶势力何其相似”[①]。王顺安等则进一步论证传统社会流氓文化的主体是流氓无产者,“从无业游民，流氓地痞，泼皮无赖到侠客巫师、土匪大王等,皆属此类”[②]。李锡海甚至详尽地分析了黑社会犯罪组织的传统文化背景:“黑社会性质犯罪组织的伦理道德,主要来源于对祖国传统文化的改造。比如,‘仁、义、礼、智、信、忠’……‘仁’,变成组织成员之间要讲‘仁爱’,一个成员‘栽’了,对其家庭要施‘仁’,即养了起来,‘义’,变成组织内部的伦理核心,其所有成员之间都必须讲‘哥们义气’……‘忠’,变成对组织头目不可有二心,要绝对忠诚。这种腐朽的伦理道德思想,是黑社会性质犯罪组织赖以存在和发展的精神支柱，为其实施犯罪活动提供了重要的精神动力。”[③]

我国自春秋战国以来形成的浓厚任侠之风，也是当时社会治安工作的棘手难题。《韩非子·五蠹》就将侠划为五种社会蛀虫之一,并主张严厉打击。虽然时移事异,社会发生了巨大的变化,那时存在的任侠之风与今日的黑社会性质犯罪活动不能等量齐观、同日而语,但是任何社会的变迁都是有着历史联系的,任侠

①周良沱:《当“恶”成为一种生存方式》,《法制博览》,2002 年第 12 期。
②王顺安主编:《中国犯罪原因研究》,人民法院出版社,1998 年,第 229 页。
③李锡海:《黑社会性质犯罪的特征及打防对策》,《政法论坛》,2002 年第 3 期。

之风的生成与盛行对今日黑社会性质组织犯罪的影响，也是显而易见的。从根本上讲，它们的本质特征有两个方面是相同的。

第一，两者都采用暴力的手段达到他们的各自目的。游侠、刺客、勇士等绝大部分有一技之长，依武恃勇，进行有目的的社会活动。《韩非子·五蠹》言："其带剑者，聚徒属，立节操，以显其名，而犯五官之禁。"荀悦《汉纪》："立气势，作威福，结私交，以立强于世者，谓之游侠。"颜师古注《汉书·季布传》"任侠"云："任谓任使其气力，侠之言挟也，以权力挟辅人。"都是暴力达到目的的意思。

黑社会性质犯罪组织采用的犯罪手段绝大多数都属暴力范畴。前引事例对此已有所说明。如张君集团招募和选择成员时，就将实施暴力的能力作为条件之一。"中国第一号刑侦专家"乌国庆说，张君集团是他所见到的最凶残的犯罪集团。[①]因此，有人说："暴力手段，它是黑社会性质犯罪组织起家的资本，原始积累的保障。"[②]我们还可以从黑社会组织的名称中读出暴力的霸气和血腥味来，如山西运城有"狼帮"；上海有"神鹰帮"、"天龙帮"、"飞虎队"；广东有"白鲨帮"、"菜刀帮"；深圳有"飞鹰帮"；湖南益阳有"黑虎帮"、"鹰帮"；海南有"手枪帮"；辽宁有"东北五虎"；河北有"三剑客"；福建有"斧头帮"、"血兽帮"等。莫洪宪极有见地地指出："暴力成为加入犯罪组织的必要条件，是组织内部拥有权势的个人资本。因此，权力的分配标准是使用暴力的能力；与国家司法机关抗衡取胜的能力；为其实权人物所承认的能

---

①李江平等：《张君案检讨：一个极端暴力集团的成长》，《南方周末》，2000-4-20。
②李锡海：《黑社会性质犯罪的特征及打防对策》，《政法论坛》，2002年第3期。

力，使人敬畏；并得到下属拥护的能力。”[①]

第二，两者的本质都属非法控制，是国家政治的异己力量形成组织化的系统，并以非法的形式参与国家利益的再分配。

韩非抨击当时的侠是“行剑攻杀”、“活贼匿奸”。他们敢于私斗、杀人、抢劫、窝藏罪犯，倚恃武力，干犯朝廷的法律、政令，扰乱社会治安，造成社会动乱。这与现在的黑社会性质组织犯罪行为几无二致。《韩非子·诡使》说这些人“难致谓之正，难予谓之廉，难禁谓之齐，有令不听从谓之勇”。他们混淆视听、明里暗地与朝廷对着干，明显地站在了现存政权的对立面上。《显学》：“儒侠毋军劳显而荣者，则民不使，与象人同事也（按：象人，即俑人）。未知祸磐石象人，而不知祸商官儒侠为不垦之地、不使之民，不知事类者也。”可见，儒与侠不通过建立“军劳”，而能达到“显荣”的目的，说明他们以非法的形式参与了国家利益的再分配。

黑社会性质犯罪组织，无视现行国家统治秩序，试图建立国家控制之外的隐匿统治，形成合法（主流）社会以外的非法（秘密）权力组织。如山东宁阳农民李廷赟组织的黑社会——“中华民族救国会”招募成员的标准就是：有过违法或有专与政府对抗经历的；因计划生育受到处理而对政府不满的；刑满释放、解除劳动教养或受过公安机关打击的；揍人不要命的。犯罪学专家康树华先生的研究结果表明，当代中国黑社会80%的成员不工、不商、不农、不学，是终日四处游荡、不务正业的无业游民。[②]他们企图以非法的形式参与国家利益再分配。实质上，黑社会性质犯

①莫洪宪：《有组织犯罪研究》，湖北人民出版社，1998年，第77页。
②康树华：《透视“黑恶势力”》，《中国刑事法杂志》，2001年第2期。

罪组织与政治腐败的结合,如某些学者所言,也属"一个权力转换的问题,即将政府的部分权力转化为黑社会的权力,使其可以轻而易举地获取为所欲为的通行证"①

(二)改革开放以来侠文化对民众日常生活的影响

时至今日,与传统社会相比,我们的社会性质、政治体制都已经发生了质的变化。伴随着几十年的改革开放与市场经济,加上中外文化交流的不断加深,以及社会意识形态的改变,最基本的社会特征已由小农经济的意识形态转变为工业社会市场经济的意识形态。在这样的社会背景下,侠文化作为一种亚文化,作为社会隐性文化的一部分,依然存在于社会文化之中,并且,不仅延续了传统的侠文化的特征,而且也有了一些新的表现形式。

当代,侠文化在影视作品、文学作品、电脑网络游戏等领域都有着积极的表现。对侠文化在影视与文学作品中的体现无需赘述, 因为这一直都是民众非常熟悉的东西。我们随便打开电视,走进电影院,去书店或者图书馆,或者是打开网络,以侠文化为主题的作品数不胜数, 并且其中产生了许多为群众耳熟能详的著名作家(如金庸、古龙、梁羽生)、演员(成龙、李连杰、甄子丹)等。以国产电影为例,李安执导的《卧虎藏龙》获得奥斯卡最佳外语片奖, 并在国际市场上取得了票房与口碑的双丰收。此后,从张艺谋导演的《英雄》、《十面埋伏》、《满城尽带黄金甲》,陈凯歌导演的《无极》,到冯小刚导演的《夜宴》等,中国的大导演似乎都无一例外地开始钟情于武侠题材的电影。同时,近些年来,武侠电视剧充斥荧屏,基本上所有的武侠小说都被搬上了电视

①王润生:《我国黑社会性质背后的政治因素》,《公安大学学报》,2000年第4期。

荧屏，这些都会给民众一种感觉，中国的武侠文化有着越来越兴盛的趋势。

另外，当代的电脑网络游戏也继承和发展了传统武侠小说和侠文化的一些元素，并有所创新，其中提炼出被人们广泛接受并应用的一些模式化、程式化元素：如武林门派少林、武当、峨眉、青城等；如传统武术中的各种太极拳、八卦掌等。我国国产游戏的两个代表性公司，一个是金山西山居所制作的剑侠情缘系列以及网络游戏，另一个是大宇软星公司制作的仙剑奇侠传系列。这些游戏很好地传承了中国的传统侠文化，充满历史典故。以仙剑奇侠传系列来说，是围绕着蜀山剑仙的民间传说来展开故事，编写游戏。游戏中的故事充满了侠的精神，并能上升到舍身以救天下苍生的高度。其中有战国姜国的公主以不惜跳入铸剑炉，以自己的血和生命来帮哥哥铸剑，以期剑成能解国家危亡之急，这和先秦的游侠精神非常相像。云天河为救一方百姓，以后羿射日之弓射下琼华派，以致自己双目失明。此外，故事中每一代女娲的后人都会不惜生命来保护天下苍生，这些都是当代文化对古代侠文化的继承与发展。但同时，电脑网络游戏在对传统侠文化的传承和发扬之外，也继承了传统侠文化中的负面因素，包含了过多的血腥与暴力成分，对游戏玩家的身心产生了一定的负面影响。

从 80 年代开始，我国武侠小说再度兴盛，当时曾有一段时间，上到中青年，下至几岁的孩童，都在看由金庸小说改编的电视连续剧，在金庸、梁羽生、古龙等武侠文艺作品影响下成长起来的这些人，如今是社会民众中重要的组成部分，是各行业中的主要劳动力，也是社会中言论与行动最活跃的群体。而且武侠文化的爱好者群体，不是单纯地分布在某一年龄段，而是跨越了好几个年代。如果说70年代出生的人和80年代出生的人在很多观念上有所不同，但是他们对于武侠，或者侠文化的喜爱是一致的。可以说，侠文化从80年代复兴起，一直到当下，对几代人都产生着不可忽视的影响，引发不同群体与不同年代出生的人的集体共鸣，或者从群体心理学的角度来说，可以勾起民众的集体回忆与幻想。

90年代以后，尤其是从90年代后期开始，随着网络社会的兴起、电脑游戏的发展，很多青少年沉浸其中，网络文化在很大程度上冲击并取代了之前的电视与小说。伴随着国产电脑游戏的发展，侠文化在新的领域，也就是在电脑游戏领域得到了更多的以及新的形式的发展，或者可以说侠文化在电脑游戏领域获得了新的生命。虽然在电脑游戏中，由于技术方面的局限、游戏设置方面的需求、游戏设计中对西方文化的借鉴以及电脑游戏的商业性目的等，这些因素都导致侠文化的主题产生了一些变异，但是侠文化正是通过电脑游戏这样的新形式，对民众产生着新的持续的影响。如今社会中大多数的人都认为电脑游戏对玩家会产生不可忽视的负面影响，比如更倾向于暴力、斗殴等行为。

但是侠文化不论以小说、影视或者游戏，不论以何种载体传承与发展，都对民众产生着影响，这种影响既包括对民众侠义精神的塑造，同时也有着对暴力倾向的助长，这是不可回避的存在，也可以说是侠文化对民众影响的两面性。在前面我们简要地介绍过侠的两面性，具体可以参见一些学者对这一问题的专门论述，此处就不赘述。由于“侠”所具有的两面性，因此侠文化不免也具有两面性。在颂扬社会公平正义的同时,避免不了侠的流氓性和行侠过程中存在的血腥暴力等负面因素,也避免不了偏激与片面的民众心理,如仇官仇富,不患寡而患不均等。并且还有一些文人通过夸张的文学手法将这些负面情绪扩大化,延续相传下去,对民众的心理产生了负面的影响。这些我们都不陌生,仅仅《水浒传》一书就是一个很好的例子。此外,很多的文学文本中都有这样的流露。在民众心态的惯性下,容易将生活中的遭遇,归因为贪官、富人或者制度的不完善,这种心态会产生出一种盲目的不假思索的行为心理;而当一定数量的民众由于同一件事唤起这种共同心态时,就会产生从众与偏激的集合行为。我们能看出,在这种心态下,民众的心理以及行为在社会秩序的在轨与越轨之间摇摆,在理性的对公平正义的诉求和任气而为的冲动行为之间摇摆,而这恰好符合侠的两面性这一本质特征。民众的心态与侠的两面性之间,存在着紧密的联系与影响。这些侠文化在宣传正面的侠义精神及对公平正义的理想与理念追求的同时,也会将一些负面的东西同时传递给同代及后代的民众。因此,民众在对侠文化的传承与接受上始终带有两面性。

我们顺着侠文化的两面性来探讨侠文化对民众的认知以及行为方式的影响。侠文化中的正面影响对社会文明以及社会秩序有着积极的意义,如助人为乐、见义勇为等,并且可以通过正义的"私力救济"方式作为法治的补充;还有助于增加社会资本,增进社会和谐。但是,侠文化中的负面因素也会导致民间的私斗,冲犯法制等,导致社会不和谐,产生越轨犯罪行为,损害、损伤社会人与人的关爱与信任,对社会资本造成负面影响。

侠文化的正面影响对社会的积极意义众所周知,不必进行过多的论述，然而侠文化对民众认知以及行为方式带来的负面影响却不可忽视。民众从自身朴素的公平正义观出发，去追求理想中的社会公平正义，然而在这一过程中，却产生了很多的任意行为，往往出现了过激行为或者越轨行为。一方面与法律相违背，另一方面放大了侠义的精神，其结果是由一个追求公平正义的行为演化成了一个违法的行为。甚至有时候，行为的初衷是为了追求公平正义，然而在过程中，却不自觉地使用了非法与非正义的手段来实现。在一个良性运行与和谐发展的社会中，或者说在一个法制健全、执法有力的社会中，侠义行为作为一种法律公力之外的力量与行为，毕竟是不容于法律的。近年来，随着社会以及经济发展过程中各种矛盾不可避免的显现，例如当社会贫富差距加大，民众面对社会变革会产生心理失衡，当民众对公平正义的诉求得不到满足时，会通过一些方式，如一些极端的行为来加以解决，最后演化为极端的危害社会的行为，而这些行为中以血性的行为为主。这样，我们就不难理解，为何从古代至现代，总会有暴力抗法等案例发生。比如前面提及的杨佳，本是个热血青年，却从一己所认定的正义观出发，为了维护其个人的公平正义不受侵犯，最终采取了暴力手段；同样，受侠文化中负面因素的影响，很多民众竟认可、认同他的这种行为与做法，称其为“柳叶快刀杨佳”，并仿照史记文风，为其作传记。

此外，根据百度百科中的收录，以及《中国青年报》的报道①，山西省繁峙县副检察长、反贪局局长穆新成，贪污受贿资产超过1亿元，却被称做是“劫官济贫的侠客”。县新华书店看大门的妇

---

①李想、王俊秀：《敛财过亿反贪局长的多重面孔——山西省繁峙县副检察长穆新成落马前后》，《中国青年报》，2009年7月6日。

女孩子考上学却无力供养,穆新成托人送去5000元。他还曾和一名矿老板共同在兴育学校设立奖学金,2004年至2007年共捐助12万元。他还从1991年起承包5000多亩荒山植树,18年不辍,投资巨大,是媒体褒扬的“植树大王”。穆新成确信他的钱“来路正当”。有人称他为“穆大侠”,也有人称他为“侠贪”。穆新成在家排行老二,也被人称“穆二小”,江湖人称“二哥”。媒体披露,穆新成在当地百姓中口碑甚好,有百姓为其喊冤,称他的敛财行为是劫富济贫。

从这个案例我们也可以看出,侠文化对民众认知的影响。不仅是民众,像穆新成这样的国家公务员也受侠文化的影响,认同侠义行为,并以此方式行事,却忽略了作为公务人员本应有的行为方式,漠视国家的法制。而民众也因其侠义行为,忽视了他贪污的事实,称其为大侠,为其喊冤,这同样也是在侠文化影响下,民众产生了不符合当代法制的认知以及行为方式。基于民众的心态,以及在侠文化影响下的民众的认知与行为方式,普通的民众在现实生活中对待具体问题的方式会是怎样,民众在什么情况下会选择依靠政府与法律来解决问题,在什么情况下会选择正规途径之外的方式来解决问题,这些须通过对侠文化与社会“私力救济”二者间辩证关系的探讨来加以深刻理解。

众所周知,法律的重要功能之一便是抑制“私力救济”,即把一切冲突纳入程序化、法制化的渠道。从法律的角度来看,“私力救济”往往被认为应当抑制和抛弃,但是当国家资源和能力有限,公力救济的范围有限时,便无法完全排斥“私力救济”。同时,法治建设的过程是漫长的,公力救济的完善也是一个渐进的过程,因此,“私力救济”可以在一定范围内发挥对法律的补充与替代作用。

另一方面可以说，法与侠文化一直以来就是对立的范畴，侠文化挑战着法的程序与规范，而真正的法制与法制社会容不下侠的存在，两者之间有着矛盾与冲突。因为从法律角度来说，如果认可了，并纵容了“社会私力救济”行为的存在，就是在本质上与法精神相冲突，当一个社会中的民众都认同了可以通过私力行为解决问题的时候，社会将会一片混乱；如果人人都可以，并利用法律赋予的权利去做正义的仲裁者的时候，每个人都会以一己之力来解决问题。只要符合民众所认同的公平正义就可以理所应当，社会将会倒退回前法律社会。因此，即使如今的法律存在着怎样的不完善，都不能纵容过多的“社会私力救济”行为，因为这样会使民众有法不依，凭意气用事，使法律成为空文。这就是为什么当社会法制还不够完善时，在法规方面却依然坚持不肯定与支持“社会私力救济”的行为，甚至产生很多行侠者见义勇为反倒得不到法律的有力支持，最后需要民意的支持与民众的呼声才能让义士免于遭受刑罚。这也是为什么民众始终对法律存有不满，因为法律所维护的正义与民众所理解的正义之间存在着差异。而目前可以说，我国仍处于完全的法制社会的过渡期，很多的法规都仍需不断地修改完善，因此，在达到理想的法律社会之前，民众的不满将会一直存在，侠与法的矛盾，“社会私力救济”与法律程序之间的裂痕将一直存在。

如果说“社会私力救济”是一种主动行为的侠文化的体现，同时只有不超出法律允许范围的“私力救济”才会对社会的公平正义起到维护作用，那么社会资本与侠文化的关系是，适度的侠文化以及侠义行为会对社会公平正义以及社会良好秩序产生积极的作用，而侠文化的缺失会降低社会资本。

当今，尽管“侠”已消亡，但凝结在人心之中的是非公理、除暴安良等侠文化心理却并未消失，侠义品质在每个时代被默默嘉许，成为一种精神。武侠小说、影视的流行便是典型代表。当下尤其是20世纪90年代以降，“侠”作为一个符号，甚至成为时代的强音，至少在大众文化层面如此，如“黄飞鸿系列”一直到《英雄》、《十面埋伏》等武侠片大热，以及金庸、古龙作品走俏，奇幻武侠作品热卖等。为什么这些作品在大步走向法治国家的中国持续走热？有学者追根溯源，指出：“自20世纪90年代以来，中国社会处在一个不断变化的极其复杂的多元结构中，就本土范围，市场经济的全面启动，社会进入商品经济转型时代，人们原先的精神化生存坠入了激烈的物欲竞争，信仰坍塌，理想破灭，心态不平，转型期不可避免的社会心理问题随之纷纷出现：迷茫、焦躁、道德沦丧、价值失范。国人本已焦灼不堪、迷乱不已的心理因此越发脆弱。一方面迷茫困顿、一方面又本能地滋生消极和对抗。矛盾重重中人们的目光游离了纷繁复杂的社会现实，企望从虚构的世界中寻找自我的寄托和自尊自信的支点。①在这个意义上，侠文化的兴盛“从一开始，它就顺应国人逃避现实的心理趋向，抓住了大众灵魂深处的懦弱和对社会人生不同程度的不平心态”②。当下的中国是发生着巨大变革的时代，变革的过程中必然出现许多问题，而法律的调整有一定的滞后性，而且因为程序、时效等的限制，正义的实现也不像人们想象的说来就来，尤其是在人们渴望得到法律救济时。但我们要说的是，法律

---

①②李军辉：《论20世纪中国武侠文学热的内在动因》，《信阳师范学院学报（哲学社会科学版）》，2006年第5期。

不是万能的上帝，不能指望法律解决所有的不自由现象，毕竟从功能上说，法律是有一定局限的，法律只是人们获取自由的较优的制度选择而并不是全部和唯一的选择。倡导自由、正义是当下法律不变的追求，这种制度自身在不断完善。侠在当下作为大众社会文化心理的表征形式，其对自由的诉求，反映着法律自由在当下存在着一定的缺陷，事实上在某种程度上也给我们的法律提出了挑战。

具有悖论意义的是，侠义精神与法的价值在某种程度上也非常地契合，法律所具有的一般价值如自由、平等、正义和秩序等，也是侠文化的精神追求。也就是说，“侠义”本身并不与法律相冲突，这种精神从本质上来讲是积极的，引导人们向善的，甚至是一种道德上的约束，与法律基本精神并不矛盾。“侠的形象是中华民族理想人格的象征，侠之精神是中华民族高尚情操和生命意志的自然流露。”①“在我们今天业已形成的‘侠文化’概念中，正义价值乃是其最主要的构成因素，抽去此项判断，侠就很难确定其特定的文化形象。”②在乱世之中，处于社会底层的民众，他们的人身安全和基本的生存权都处于朝不保夕的状态，而那些自布衣出身的侠士，是最能体会到这种生存状态的困苦和无可奈何的，于是他们挺身而出，维护朴素的社会正义。韩非子，是中国最早谈到侠的人，他说“侠”有三大品格：第一是“弃官宠交”，这是对不自由秩序的抛弃。第二是“肆意陈欲”，这是对成为主人的自由秩序的追求。第三是“以武犯禁”，这就是对不自由秩序的反抗。侠义的精神又是对平等理想的追求，他们实践着自

①蔡翔：《知识分子与江湖文化》，《上海文论》，1992 年第 4 期。

②罗立群：《中国武侠小说史》，辽宁人民出版社，1990 年，第 31~33 页。

我价值追求的理想。等级社会使得中国的市民阶层更加执著于“平等”的理念。而侠士奉行“兼相爱,交相利”,于是,无条件的兼爱造就了“平等”,有条件的兼爱则形成“义气”。侠者轻财好施,振穷救急,正是为了实现“兼爱”。侠者路见不平,拔刀相助,则是为了铲除人间的某些“不相爱”。侠文化的精神与法的价值的融通导致的结果是合法“私力救济”的产生。法律提倡和鼓励的和解、调解、自主和共同体互助性纠纷解决方式,属于合法“私力救济”。现代社会,侠义精神仍是一种正义感的体现,在法律允许的范围内,这种正义感引发的行为,往往是正当合法且值得提倡的。例如见义勇为与正当防卫,这些行为与传统侠义行为中“路见不平,拔刀相助”的意义基本相通。

侠文化是深深扎根于中国传统法律文化土壤中的平民文化,源远流长。虽然新中国诞生以来国体发生了根本变化,使得现代侠文化不再像古代那样以侠客的替天行道为主要的表现形式出现,而是以武侠小说、影视及网络游戏的形式呈现在大众面前,但是,侠文化的精神内涵却一脉相承。需要明确的一点就是,侠文化在本质上是与现代法制相违背的。在建设社会主义法制国家的进程中,我们应取侠文化之精华,进行侠文化的制度重构,积极发挥现代社会合法“私力救济”的作用,并用法律规范其行为,将其纳入现代法制的轨道上来;同时,为了维护法律至上的法制理念,我们也必须去除侠文化之糟粕,将其“人治”本质扼杀在摇篮之中。

四、如何有效地防范侠文化的负面效应

基于上述的说明和分析可以看出,在当下要有效地防范和治理侠文化的负面效应,必须要注重以下三个方面:

第一，加强民主政治的建设，使政治权威的活动纳入法制的框架内。只有这样，才能使政治权威及政府官吏之间的争斗法制化，使隐秘与残酷“私了”变为法庭的仲裁，这样就避免了那些因不能通过民主政治的正常渠道进行政治争斗，而企图假手其他力量或非法方式达到政治目的的犯罪。要严惩腐败分子，努力清除黑社会性质组织犯罪的“保护伞”和“关系网”，从政治根基上遏制这种犯罪的进一步发展。

第二，完善立法，使整个社会达到有法必依、违法必究的法治状态。要提高法律执行的水平和效率，努力做到司法公正，防止违背法律精神的其他因素介入；要严厉打击那些利令智昏，敢于铤而走险，以身试法的黑社会性质组织的成员，要严格各种宏观与微观层面的管理，挤压黑社会性质组织犯罪的活动空间。同时，要从根本上维护广大民众的利益，要使公民的权利得到更好的保护与实现。只有这样，才能使民众增强对政府的信任和依赖，也才能使有组织犯罪活动在民间失去立足之地。

第三，要加强对青少年树立正确的人生观与价值观的教育。良好的社会舆论导向是青少年健康成长的重要条件。由于现代社会是信息化的社会，大众传媒对社会舆论导向的影响作用是巨大的，尤其是影视的宣传效应不可忽视。目前我国大众媒体中暴力内容越来越多，开始泛滥，这对社会成员，特别是青少年产生严重的影响。美国媒体专家、社会学家、心理学家、社会心理学家、教育家、犯罪学家、媒体工作者对观众观看媒体暴力与观看后的行为暴力是否有因果关系进行了最广泛、最深入的研究。研究结果表明，观众的行为暴力与媒体暴力存在着因果关系，这种关系在青少年中表现得尤为突出，而且影响是潜移默化的。媒体暴力最直接的影响是教唆犯罪方法。美国广播公司对100名青少年罪犯进行研究，其中22名说他们是模仿电视上的犯罪方法。华盛顿大学一位教授的研究发现,因暴力罪而进监狱的男性囚犯中,有1/4到1/3的人承认他们在犯罪时曾有意识地模仿影视片中描写的暴力犯罪手段及技巧。电视暴力宣传摧残着青少年幼稚的心灵,影响他们的健康成长。专家指出,小孩长期看含有暴力的节目，他们会表现得比较凶猛野蛮，常与伙伴打架斗殴、动辄拳脚相加。英国著名社会活动家怀特豪夫人一生致力于反对传媒中的暴力，她有一句名言:“充斥于大众传媒的也会充斥于人间。”暴力亦是如此,它会诱使人犯罪,危害社会。

必须指出的是，当前我国大众传媒不遗余力地宣传以江湖侠客为内容的影视片,加之一些所谓文人“超常”的想象力,描绘和构建出一个现实中根本不存在的理想的、虚幻的任侠世界和各色江湖人物,极力鼓吹超于现实的任侠精神和暴力行为,去迎合某些社会成员的口味。事实上,中国传统的以侠文化及帮会文化为中心的犯罪亚文化和当代犯罪文化的相互结合，成为我国现阶段黑社会性质组织赖以存在和发展的意识形态。因此,我们必须要从侠文化的“怪圈”中走出来,尤其是青少年。

附录一

告别史学的“政治情结”

——从“三年之丧”起源问题谈起①

摘要：传统史学无法割舍的“政治情结”，过度地影响了20世纪的一些史学家们，尤其是在早期，由于具体国情的复杂性，众学者在研究中胸存先入之见，承担了太多的社会政治责任感，给史学研究造成了极其消极的影响。“三年之丧”起源问题的讨论便属明显一例。“三年之丧”实际上是各种文化要素相互作用、最终选择的结果，因此，对20世纪史学研究进行必要的反思，将有利于本学科的规范，加强学科自身的建设。

关键词：“政治情结”　“三年之丧”　起源问题　学科建设

历史学的“政治情结”，简单地讲，就是历史学为政治服务。中国古代史学从产生之日起，就是一种不折不扣的政治学说，它密切地与“治世”联系在一起，极大地满足了政治的需要。因此，历史学在当时不仅是一种学问，在更大程度上，它实际完全是一种实用的政治哲学。常金仓先生说：“中国古代史学的性质培养了历史学家对政治生活的积极参与精神，他们认为历史学只有

①本文经整理修改后，曾以姊妹篇先后发表于《兰州大学学报》2004年第1期以及《文博》2008年第3期。

从属于政治才是有意义有价值的，经世致用应该是历史学的最高宗旨。”[1]正是基于史学传统意义上这种过度的社会责任感，在政治环境特殊的20世纪早期，众多学者秉承了传统史学的政治遗训，给当时的历史研究带来了消极的影响。余波所及，直至今日，学者们在总结前人研究成果，梳理各种思想渊源的同时，由于不解前代学者们极深的“政治情结”，常陷入一种无所适从的尴尬境地，抑或不辨史实，人云亦云地再次重复谬误。“三年之丧”起源问题的讨论即属明显一例。黄瑞琦在《“三年之丧”起源考辨》一文中，列举了“三年之丧”起源四种主要的说法并分别予以否定，得出结论说，“三年之丧”虽不始自孔子，但“孔子是在‘礼崩乐坏’的情况下提倡‘三年之丧’的。……所以郭沫若说‘三年之丧’是儒家的特征，很有道理”[2]。顾洪随之撰文指出，黄文有误，“三年之丧”“首先提倡的是晋国的叔向”，她很明确地说：“本文的主要论点：儒家宣扬的三年之丧，春秋后期由晋国的叔向首先提出，经孔、孟、荀诸家的表彰，成为封建社会规范孝子行为的准则之一。”[3]俞晓群也于《“三年之丧”的流变》一文中说：“‘通丧’之事是要打问号的，说它源于儒家的世代传承大约更确切些”，“三年丧也只是儒家的创制”[4]。看来，三年丧创制权归儒家，这似乎成为不易之论。因此，最近丁鼎在《“三年之丧”源流考辨》中说：“现代学者普遍认为先秦儒家将‘三年之丧’说成是‘古之人皆然’、‘三代共之’、‘古今之所以壹’，并非历史实际，而是先秦儒家托古改制的说教，亦即先秦儒家为了鼓吹、倡导与推行‘三年之丧’而制造的宣传口号。”[5]事实果真如此吗？仔细分析学者们对材料的运用与论证方法后，不能不说，对“三年之丧”起源问题的讨论，还需从根本的理论到方法都有再认识、再思考的必要，这不仅有益于该问题本身的深入研究，也关系到本学科的自身建设与发展。请先从该讨论的源流说起。

一、“三年之丧”起源问题讨论之始末

文献最早记载“三年之丧”见于《尚书》。《尧典》曰：“二十有八载，帝乃殂落。百姓如丧考妣。三载，四海遏密八音。”《孟子·万章上》引述过此文。《史记·五帝本纪》作了极准确的训释，说尧弃世后，“百姓悲哀，如丧父母，三年，四方莫举乐，以思尧”。“三年之丧”的第二个例证是殷高宗武丁。《无逸》曰：“其在高宗，时旧劳于外，爰及小人。作其即位，乃或亮阴，三年不言，其惟不言，言乃雍。”郑康成注曰：“作，起也。谅闇转作梁闇，楣谓之梁，闇谓庐也。小乙崩，武丁立，忧丧三年之礼，居倚庐柱楣，不言政事。”这篇文献被好几种先秦典籍引过。《国语》据《书·无逸》的记载，大加歌颂殷武丁，以为人主必须慎言，否则，“德之不类”。《吕氏春秋·重言篇》进一步发挥道：“人主之言不可不慎。高宗，天子也，即位亮闇，三年不言……古之天子，其重言如此。”《礼记·丧服四制》也说：“《书》曰：‘高宗谅闇，三年不言。’善之也。王者莫不行此礼，何以独善之也？曰：高宗者武丁，武丁者，殷之贤王也，继世即位，而慈良于丧。当此之时，殷衰而复兴，礼废而复起，故善之。善之，故载之书中而高之。”《礼记·檀弓下》、《史记·殷本纪》意同。

《论语》也提到此事。《宪问》：“子张曰：‘书云：“高宗谅阴，三年不言。”何谓也？’子曰：‘何必高宗，古之人皆然。君薨，百官总已以听于冢宰三年。’”另外，《论语·阳货》还提及了孔门弟子宰我在“礼坏乐崩”的现实社会环境中，已产生了改“三年之丧”为“期”的意图。孔子则以仁爱理论说明了坚持“三年之丧”的必要性。

《孟子·滕文公上》说，滕定公薨，孟子劝滕世子行三年之丧，滕国父兄百官曰："吾宗国鲁先君莫之行，吾先君亦莫之行也。"并以此反对采纳孟子的意见。后世有些学者没有正确理解这条记载，反以为是战国以前无"三年之丧"的确证，实则它不过是"礼坏乐崩"过程中"三年之丧"长期中断的反映。早于《孟子》的《左传》就有"三年之丧"的明确记载。《左传·襄公十七年》"齐晏桓子卒，晏婴粗缞斩……带、杖、管屦，食粥，居倚庐，寝苫，枕草。"晏婴为其父服丧，虽未言明丧期，但关于服丧细节的描述，与"三年之丧"无二致。《左传·昭公十五年》："六月乙丑，王太子寿卒。秋八月，戊寅，王穆后崩……"叔向曰："王一岁而有三年之丧二焉。"《左传·哀公二十一年》："十一月，越围吴。赵孟降于丧食，楚隆曰：'三年之丧，亲昵之极也，主又降之，无乃有故乎？'"当时赵襄子正为其父赵简子服三年之丧，吴赵为与国，越围吴，吴将亡，故降丧。

宋儒对经典的批判精神极强，关于滕人对"三年之丧"的怀疑，朱熹却有着清楚的认识。他注《孟子》云："然谓二国不行三年之丧者，乃其后世之失，非周公之法本然也。"清儒毛奇龄则明显未能察觉这一点，他作了一番考证，结论是"三年之丧"为殷商旧制。[6]实际上，《尚书》、《左传》都对三年之丧作了明确记载，前已述明。毛氏之误已无需再辨。对于这个问题，清人顾栋高举大量事例作了极精辟的分析：

孟子时滕文公欲行三年之丧，父兄百官，群然骇怪。孟子去孔子未百年，而当日之习尚如此，则其泯焉

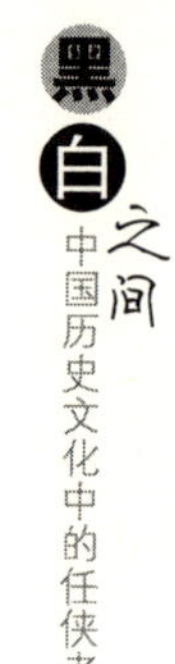

> 废堕，岂一朝夕之故哉。余尝详考《左氏传》，而知天子诸侯丧纪，已废绝于春秋时无疑也。……三传之所记，仅存什一于千百，至孟子时，有士之君，腆焉人面，以三年之丧之达礼，而怪骇为不经，杞、宋之无证，岂独为夏殷之礼叹哉！[7]

今人冯友兰先生也说："春秋以降，本为'礼崩乐坏'之时代。到孟子之时，人多已不行三年之丧，及孟子劝滕世子行之，父兄狃于近习，而不欲行。此与孔子'天下之通丧也'之言，本没有冲突。盖孔所说，乃礼之常，而滕父兄所说，乃近世之变也。"[8]

第一次对"三年之丧"作别开生面的解释者为晋人杜预。杜注《左传·隐公元年》"吊生不及哀"曰："诸侯以上，既葬则缞麻除，无哭位，谅闇终丧也。"杜说是由于当时政治生活的实际需要。《晋书》载，晋泰始十年武元杨皇后崩，按礼制及前代礼例，皇太子当"终服三年"，但杜预假解经进言说，皇太子不应与士庶同礼，卒哭便缞麻处，谅闇以居，心丧三年终制。这纯属是为皇太子确立守丧特权，而有意曲解古书的卑劣行为。但至唐时，贾公彦不辨是非，因循其说。（详见《仪礼·丧服》贾疏）杜预的短丧说，遭到了清儒的严厉批评。顾炎武说："杜氏主短丧之说，每于解中见之。谓既葬除丧，谅闇三年，非也。"[9]顾栋高则追根溯源，揭露此说产生的政治背景，他在《春秋大事表·春秋左传杜注正讹表叙》中指出："（杜预）欲执此为定制，令上下通行，为短丧者立帜。"并叹曰："经术之误，害于政事，于古同病，不可不戒也。"[10]沈钦韩则直接批评说："三年之丧，天下之达礼。杜预谓天子诸侯，既葬无服。非圣无法，古今之罪人也。"[11]

清末，由于内忧外患的现实政治环境，迫在眉睫的政治改良运动势在必行，今文经学家在这种背景下，以廖平、康有为为代表人物，更是着眼于现实政治，极尽经学“致用”之能事，特别是戊戌维新时期，他们借经学谈政治，为变法维新鸣锣开道。对“三年之丧”起源问题的考辨，亦是如此。为了给现实政治变革需要在历史上寻找理论根据，他们不约而同地选择了中国封建社会的圣人——孔子。康氏更是著书《孔子改制考》，极力宣称孔子改制种种。廖平在《礼经凡例》中说：

> 孔子所作以《春秋》为大纲……《春秋》所讥失礼者，皆为周制。如丧祭、丧娶、丧中国乐、不亲迎、丧不三年与世卿、税亩之类，在周为通行，在《春秋》为失礼。而《仪礼》所言皆与《春秋》合，此为制作无疑。[12]

廖平简单地将《春秋》所讥者断为周制，以《仪礼》为例，说“三年之丧”为孔子所制。殊不知，即使说《春秋》是孔子的改制之作，同样，经孔子之手的《尚书》，难道仅仅只是编撰，实际上，《尚书》原文多为西周旧典，这又作何解释？但这一思想给了康有为以最大灵感，他在《孔子改制考》中说：“孔子立三年丧之制，而著之于书，盖古者高宗尝独行之。孔子托古定制，故推之为古之人皆然……三年之丧为孔子增改之制，托于三代圣王以行之。”[13]他甚至说：“凡孔子后学中引礼，皆孔子之礼。所称先王皆孔子，非三代先王也。三年丧为孔子之制，则此先王非孔子而何？”[14]这种观点遍见全书，并且他一字未动地移用了廖平的条目——《孔子改制弟子时人据旧制问难考》，其中论及三年之丧最多，论说

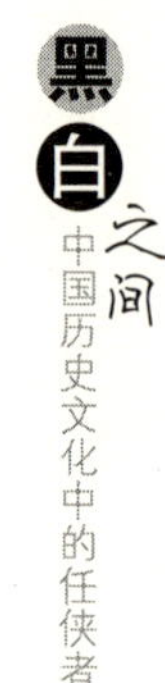

也最烦琐,根本的目的在于说明孔子有改制之事,三年丧不过是所改新制之一。从政治上说,当时的康氏,利用孔子有改制一事作为政治变革宣传的理论依据及范例,是无可厚非的,但用学术研究作代价,却是使人不能容忍的。因为政治因素的过多渗入,先入之见的普遍存在,从而歪曲了历史的真相,使真正的学术研究难以开展。

20世纪初的政治环境较之清末虽有一些改观,但内外交困的基本国情根本上仍无多大变化。在这种政治背景下,各种救国思潮纷纷兴起,诸如"实业救国"、"教育救国"等,但最有特色的,当推所谓的"学术救国"。胡适等人便是这种思潮的典型代表,他们继"五四"运动的精神,在"打倒孔家店"的呐喊声中,将儒家打落在地,儒家的一切学说及礼制无疑更是众矢之的。因此,这一时期,"三年之丧"起源问题被再次讨论,更增添了许多特殊的意义。他们依旧以学术研究为武器,对封建礼制发起冲击。具体说来,表现有以下三个方面:

(一)人为割断历史延承,扩大同一地区的文化差异

胡适于"三年之丧"问题,自称有一个认识的转化过程。他说:"十几年前,我曾说三年之丧是儒家所创,并非古礼。"[15]后来,因为受了傅斯年的影响,说"三年之丧"是殷商旧制。这是他在所谓名篇《说儒》中,论述"儒是殷民族的教士"等观点时,采纳傅氏说法,并称"直到傅斯年先生方才揭破了这一个历史的谜!"(殊不知,如此揭谜者,清已有之。)那么,傅斯年是怎样"揭谜"的呢?他在《周东封与殷遗民》中说:"(三年之丧)盖殷之遗礼,而非周之制度。"[16]之所以有这样的结论,与他对殷周的认识有关。他在《夷夏东西说》中对此表露得更清楚:"三代及近于三代之

前期，大体上有东西不同的两个系统……夷与商属于东系，夏与周属于西系……以下四章是为求能证明这个设定而写的。”[17]在傅氏看来，殷周间有着根本的区别，而这一差别事实上来自他本人的事先“设定”。正本清源可知，傅氏的错误在于，将同一类型的文化在不同时期的发展特征，看做是两个地区、不同种族的差异而人为扩大化了。冯友兰就曾批评道：“殷末周初之际，殷周民族间之界限已似亦不如胡傅二先生想象之显著。”[18]

（二）利用文字的随意考证，有意杜撰历史

郭沫若在《驳〈说儒〉》中说，“三年之丧并非殷制”，“三年丧制本是儒家的特征”[19]；他又在《十批判书·孔墨的批判》中说：“所谓‘斟酌损益’的事情无疑是有的，尽管他（即孔子，笔者按）在说‘述而不作’，但如‘三年之丧’便是他所做出的东西，是不是杰作是另外一个问题。”[20]为了说明该判断的正确性，他对《尚书·无逸》中的“亮阴”作出了想象力丰富的解释，从这二字中竟考证出殷高宗的病症来。他说：

> 健康的人要“三年不言”，那实在是办不到的事，但在某种病态上是有这个现象的。这种病态，在近代的医学上称之谓“不言症”（Aphasie），为例并不稀罕，据我看来，殷高宗实在是害了这种毛病的。所谓“谅阴”或“谅闇”，大约就是这种病症的古名……得到了这样的解释，我相信比较起古时的“宅忧”、“倚庐”的那些解释要正确的多……殷高宗的不言症，大约是没有实质变化的一种，因为他是没有手术而自然痊愈了的。[21]

是否正确，本身不是靠随便的文字游戏来证明的。他在给“亮阴”二字作了玄想般的解释后，顺理成章地将“三年之丧”的发明权转给了孔子，说他“大约是由于他的‘托古改制’的苦衷，加以淑世心切，又来一句‘古之人皆然’的话，都不过如敝同乡苏东坡的‘想当然耳’之类”[22]。由于解释成哑症与“言乃雍”矛盾，他又将殷高宗的病限定在三年，并且是“没有手术而自然痊愈了的”，郭先生的论述宛如医生治病般的一个完整过程，讲殷高宗的病史，故事叙述虽然完整，事实却似乎与此有异。董作宾在甲骨文里头，发现有“疾舌”字样，他谨慎地说：“至于武丁的‘疾舌’，是否就是‘谅阴’，就是‘不言症’？……这都有点近于所谓的‘大胆的假设’……我可不能负多大的责任。”[23]

（三）胸存先入之见，有意曲解古书

现代疑古派学者之一的钱玄同承继了今文经学家的说法，称“三年之丧”乃孔子创制。他说：“孔子制礼之说虽未尽当，然亦非无征之臆谈，比周公制礼之说高明多矣，礼之中确有一部分为孔子所制，如‘三年之丧’，看《论语·阳货篇》、《孟子·滕文公篇》、《墨子·非儒》、《公孟》、《节葬》诸篇，则此礼制自孔子，实有明证。”[24]钱氏利用激烈反儒的《墨子》诸篇来作佐证，是有失偏颇的。诚然，作为企图恢复已崩溃礼制的孔子，于礼的宣传和实践会更多，更积极些，但这不能成为创制的证据。再之，《墨子》诸篇实际上反证了“三年之丧”的存在，如《墨子·节葬下》抨击三年久丧的坏处时说：“使为上者行此，则不能听治；使为下者行此，则不能从事。上不听治，刑政必乱；下不从事，衣食之财必不足……国家必贫，人民必寡，刑政必乱。”可见，也正是鉴于三年之丧的长久实行，随之于生产生活诸方面带来的种种弊端，墨子才会力倡丧葬方面的改革。

顾颉刚于《高宗谅阴》中慨叹："然而种种问题，其关键总在《论语》之文断的太定，无可通融。"由于无法通融，他置《尚书》、《左传》对三年之丧的记载于不顾，以《国语》、《吕氏春秋》为依据，极力说"谅阴"与居丧无关，结论是："窃谓孔子未必有改制之事，而儒家之改制则无疑；既改之矣，无征不信，虽托为孔子之言，置之《论语》之中，以示有验，初不计其诬孔子而并诬殷高宗尔。"[25]这次，打击的对象是一个群体，面扩大了，扩大到整个儒家，以示其"伪托"之手段卑劣，试图从根子上给予儒家致命一击。

有必要说明的是，近人，无论是孔子创制说、儒家改制说，抑或是殷商旧制说，都未能明晰地说明在"改制"之前，先民是否有丧葬习俗，如有，丧期又为几何？难道孔子创制、儒家改制是空穴来风，《左传》对"三年之丧"的记载又作何解释？难道为殷商旧制的丧俗，茕茕孑立，前无古风，后无继俗？众史学家们"努力"的结果，只能表明：后世实行的"三年之丧"成了无本之木、无源之水，这不值得深思吗？

二、如何看待"三年之丧"起源问题

《晋书·礼上》曰："丧礼易惑，不可不详也。"原因就在于此，丧礼不仅是古代国家制度的重要部分，而且是现实生活中的一项不可或缺的礼仪风俗。因此，清人毛奇龄才会夸张地说："丧礼莫重于三年，使三年之丧不能明，则亦无庸议礼矣。"[26]那么，如何看待"三年之丧"起源问题，笔者从以下三个方面作些具体分析与考察：

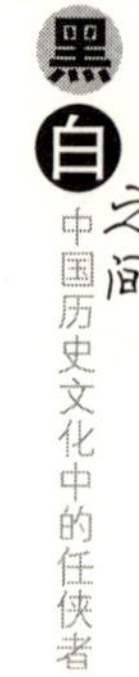

（一）对现存文献典籍的认识与理解

《尚书》作为我国最早的一部历史文献汇编，保存了先秦时期大量弥足珍贵的资料，是研究我国上古社会、先秦时期的一部重要文献古籍。著名史学家金景芳先生就说：“《尚书》独载尧以来，是中国自有史以来的第一部信史。”[27]但由于文字佶屈聱牙，加之历代传承中的几多劫难，尤其是今古文《尚书》的版本、真伪问题历来争论甚多，这多少给研习者造成了困难。王国维先生与友人书中就说：“然于六艺中最难懂，以弟之愚闇，于《书》所不能解者殆十之五。”[28]可见，对《尚书》的认识与研究并非易事。《左传·文公十八年》引述过《尧典》上的话，称之为《虞书》，今俱见于《书》。《左传》曰：“是以尧崩而天下如一。同心戴舜。以为天子。以其举十六相。去四凶也。故虞书数舜之功曰：‘慎徽五典，五典克从。’无违教也。曰：‘纳于百揆，百揆时序。’无废事也。曰：‘宾于四门，四门穆穆。’无凶人也。”这是有关舜“德行”的记载。《孟子·万章上》也引过《尧典》，并作过进一步渲染，“尧崩，三年之丧毕……舜崩，三年之丧毕……禹崩，三年之丧毕”，讲的依然是尧、舜、禹的“德行”问题，但透露了这一时期的丧葬礼俗情况。然而，这些证据确凿、又相互印证于古籍的材料，近人于研究中皆置若罔闻、视为乌有，何故？究其根源，这与20世纪盛极一时的疑古思潮不无关系。胡适曾发表《东周以上无史论》一文，更遑论尧舜的事迹。顾颉刚在《古史辨·自序》中说：“《尧典》和《皋陶谟》我是向来不信的，但我总以为是春秋时期的东西，哪知和《论语》中的古史观念一比较之下，竟觉得还在《论语》之后。”[29]他断定《尧典》作于汉武帝时（详见《尚书研究讲义丙种之一·尧典》）。当代学者已经摒弃了这种说法。李民先生在《尚书与古史研究》中说:“《尧典》的制作时代应为春秋时代”,“其主要证据之一就是司马迁的《史记·五帝本纪》,其中大量地录用了《尧典》的文字”。他据《尚书·多士》中“惟殷先人有典有册”称,“《尧典》的制作很可能是依据当时的‘史’(即史官或史人)所记下来的有关尧、舜时代的某些资料,并经后代‘史官’以竹木简册形式沿传下来而制作成的”[30]。金景芳、吕绍刚先生也说:“《尧典》开篇言‘曰若稽古’,说明是后人追写的,不是尧舜禹时所做,但是材料是当时传下来的……我们以为周平王东迁以后,包括《尧典》在内的许多《书》篇,经某个大学者之手纂修而成……《尧典》所记尧舜禹的事迹基本上是可信的。说尧舜禹是神话人物,《尧典》是战国秦汉人精心编造的,古代中国的历史是层累地造成的,这一观点我们认为是错误的,《尧典》有重要的史料价值,研究中国古代史舍《尧典》不用,是极大的失误。”[31]至于疑古思潮的另一著名代表人物钱玄同对《尚书》的否定,今人刘起釪所著《尚书学史》中也有专门评述,他将钱氏的学术师承源流追溯至今文派,并对钱玄同于《尚书》的观点逐层分析,加以批驳。譬如,他称钱氏将康有为的《新学伪经考》与阎若璩的《尚书古文疏证》相提并论予以比照,是“完全不符合事实的妄比”,并说他是“近于对《尚书》的虚无主义了。这是今文学派中继康有为而更向前走极端的一人”[32]。疑古思潮是极危险的倾向,在历史研究实践中,乃至发展到不顾史实、任改文献的地步。譬如孔子创制说,前赴后继,代有传人,殊不知,在孔子之前,叔向就说“三年之丧”的事了,这种不攻自破的学术研究为何在近一个世纪里有如此强大的生命力,岂不是咄咄怪事?难道不值得我们查寻使其然的背后隐形因素吗?

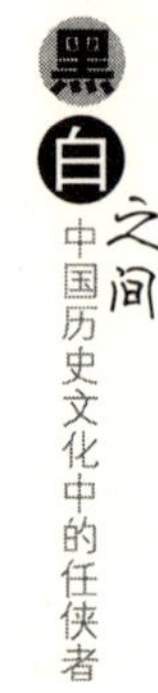

（二）从天文历法的发展程度看"三年之丧"的可行性

在人类文明的早期，出于对自然界及人类社会本身认识的有限性，对恒常自然现象的效仿，是世界各民族文化中的普遍现象。"法天地"的思想渗透于各种生活层面，这种思维模式也遍见于中国早期文献典籍中。常金仓先生说："三年之丧在礼制上能否出现在尧舜之世，主要取决于当时在天文学上是否已经懂得三年置闰，因为古人认为礼本于大一，就是说礼文的制定必以天道为依归，人们认为三年一闰，天道小成（完成一个谐调周期），故取三年以为丧期之限。"[33]尧时，天文历法知识取得了重大突破，《尚书·尧典》载："乃命羲和，钦若昊天，历象日月星辰，敬授人时……帝曰：'咨，汝羲暨和。期三百有六旬有六日，以闰月定四时成岁。'"据此，崔述认为"历法始于尧"，他说："此其记尧之命羲、和，何也？曰：记历法所自始，四时所由定，而岁所由成也……然历之为法，必积久而后差数可见，创始者势不能以周详尽善也，故必行之数百年，至尧，而后期之日数多寡可校，闰之疏密可推。"[34]金景芳先生从《易·系辞传》关于筮法的记载，研究得出结论："尧时肯定已知道三年一闰，五年再闰。"[35]并称，尧时，正是由于懂得三年置闰这样一次具有划时代性质的制定新历措施，才会引来不轻许称颂人的孔子的一番赞美："子曰：大哉！尧之为君也，巍巍乎！唯天为大，唯尧则之。"可见，这种于国计民生有密切关系的新历的制定，使尧时的"三载"有了明确的界限，尧崩，其德深入人心，百姓以其治还敬其身，当是最自然的事。

（三）文化人类学、民族学等相关学科的研究成果，也可作考察"三年之丧"起源的重要参考资料

在初民社会，普遍地存在居丧期，是毋庸置疑的事实。早期

的文化人类学经典著作就保存了此种现象的部分材料。弗雷泽在谈到追悼亡人的禁忌时说(新西兰的毛利人):“当悼亡人独居守丧的期限将满,将要回到亲友中去时,所有他在独居时期用过的碗碟都要细心地予以捣毁……以免他们所沾的不洁在人群中传播。”[36]这与中国早期的“烧送”等丧期禁忌相类似。“不列颠哥伦比亚的舒什瓦人中,新死了丈夫或妻子的寡妇鳏夫必须离人独居”[37],(印度土著安达曼人)“只有过了哀悼期后,他们才可以再迁回来。(指原居地,笔者案)”[38]。这种独居方式与中国早期丧期“倚庐”也很相似。但是,就世界范围考察,不同的国家或地区,乃至同一地区的不同时期,丧期的长短是不同的,这与各民族的文化风俗密不可分,也是独特文化类型中各文化要素相互作用的结果。丧期为三年者,在中国古代周边少数民族中便不乏记载。《魏书·失韦传》:“失韦国……父母死,男女聚哭三年,尸则置于山树之上。”《北史·契丹传》:“父母死而悲哭者,以为不壮,但以其尸置于山树之上,经三年后乃受其骨而焚之。”即使在现代一些少数民族,仍有保留三年丧期者。湘西的土家族“服丧时间为三年,孝帕要连续戴满三年”[39]。纳西族则认为,“人死后……必须在人死三年内举行超度亡灵的仪式,把死者之魂超度到祖先之地”[40]。傈僳族“每年秋收后,杀猪取头半个到坟上去祭奠,三年乃止”[41]。在世界其他地区,也有丧期为三年的民族,印度土著那加族人,“火葬后,把未烧完的头骨带回村里,将其装进陶罐。在村边路上连放三年,三年内每逢全村或全族聚会,一起吃饭,都要给死者送酒送饭。他们认为,三年过后,死者的灵魂在阴间便可以自食其力了,因此不需要再为死者送酒送饭”[42]。尽管各地区定“三年”为丧期的由来不尽相同,但这种相同的守丧期限，最少能说明，在中国古代，出现“三年之丧”的习俗绝不是出乎意料的现象。这也是在漫长的文化发展演变中，各文化要素之间相互作用的结果。在中国上古时代，曾有一个丧期任人自抉的时期。《易·系辞下》：“古之葬者，厚衣之以薪，葬之中野，不封不树，丧期无数。后世圣人易之以棺　。”“丧期无数”，极形象地说明此时丧期的随意性。《孟子·滕文公上》从人性论出发，对此作出了新的解释：“上世尝有不葬其亲者，其亲死，则举而委之于壑。他日过之，狐狸食之，蝇蚋姑嘬之。其颡有泚，睨而不视。夫泚也，非为人泚，中心达于面目。盖归反蔂梩而掩之。”这种丧期随意性现象在世界其他民族里也到处可见。如瓦拉孟加人“北部各部族那里，死者的遗孀、母亲和岳母必须在整个服丧期内沉默不语，有时妇女们甚至过了这个时期也仍旧不说话……在田南特克利克的一个土人帐篷里，现在还活着一个很老的老太婆，他已经有25年多没有说过一句话了”[43]。塔西佗的《编年史》记载了彭波尼娅“自从杜路苏斯的女儿仇利娅被美撒里娜阴谋陷害以后，她在其后的四十年中一直穿着丧服，悲痛不已”。《魏书·乌丸鲜卑东夷传注》引《魏略》：“（夫馀）其俗停丧五月，以久为荣。”丧期的这种不确定性，是不利于人类社会诸方面发展的，使其有时限的规定，是必然的发展结果。“‘三年之丧’所具有的相当高度文明的性质，体现在它对丧期时限的规定（‘三年’）。”[44]再之，《礼记·三年问》开首说的再明白不过了，称之为“称情而立文”，意思是丧期有特定意义，即强制人的悲痛渐次平息。涂而干在解释丧葬仪式时说，“部落母亲们再次扑倒在地上，相互刺破对方的头。就在这个时候，‘站在周围的女人开始号啕大哭，这哭声似乎使她们变得更加疯狂了，鲜血顺着她们涂满陶土的身体淌下来，她们看上去面目狰狞。最后，只有老母孤独地蹲在一旁，她浑身瘫软，在坟墓上发出微弱的呻吟’”[45]。巴西的博罗罗人亦是如此：“妇女剪断自己的头发，而男人们则用贝壳等利物刺破自己的脸、手、大腿和胸膛，并将刺出的鲜血洒到包裹尸体的草席上。”[46]这种现象不胜枚举，如安达曼群岛上的安达曼人、巴基斯坦的帕帕人、肯尼亚的古希依人、新几内亚的阿斯玛特人都有如此疯狂的感情发泄。因此，给以特定时间作为社会认同的情绪恢复期，自然是情理中的事。另外，人类社会文明程度的提高，随意性范围的缩小，已成型前赋文化于人约束与控制的增强，都使丧期有时间限定成为必然的社会要求。正因为如此，“三年之丧”的丧期当是情绪的过渡期与恢复期选择的结果，而不是由某人某时“创制”的结果。崔述于此事有高明的见地，他说：

> 服何以三年也？圣人制之乎？非也。此人情之必至，行乎其所不得也。何者？凡哀莫重乎感，而感多因乎时……不能不哀，但感渐浅而哀杀耳。必至再期之后三见之，然后其情渐习，其心渐平，可以勉强复其故常，故亲丧皆以三年为断也。故曰：“三年之丧，再期也。”然是理也，愚昧者不知也，即贤达而未尝经三年之丧者而未必能知也。[47]

即使三年，在后世“短丧”呼声中，实际也仅是二十五月。可见，要了解一种文化现象，须从构成其本身的多种因素入手加以考察，才能明白其嬗变的过程与由来。

三、结　语

20世纪刚刚过去，在过去的这一政治风云急剧变幻的世纪里，中国的传统文化经历了太多的曲折。由于政治环境的不断变化，国人对古代的认识也经历了一个思想变迁的过程，正是在这种背景下，历史学的发展，由于研究者本身不可避免的太多的“政治情结”，给史学变出了许多前所未有的“研究成果”。尤其值得说明的是，今日学者不察事实，不辨真相，过度地崇信前人，人云亦云，以致错误再三重复。“三年之丧”不过是其中小小的一例。但仅这一例，便足以说明今日学术研究的思想混乱和缺乏学科规范。不能不说，这跟20世纪疑古思潮的兴盛对学术研究影响有很大关系。疑古思潮的肇始与过去100年间的社会变革关系密切，廖平、康有为是近代疑古之风的直接开启者。廖平是鉴于“经世致用”的目的，站在反对古文经立场上的今文经学大师，他之所以打倒诸如《周礼》、《左传》、《诗经》等在内的绝大多数古文经书，是由于对自乾嘉以来形成的只注重考据、不务事务，并一味宣扬上古“黄金时代”的厌弃和叛离。康有为则有些不同，他不仅在理论上，而且在现实的政治运动中，具体地操作起来。因此，李学勤先生说：“疑古，就是对古代的怀疑，就是用一个新偶像去取代旧偶像。康有为用来取代旧偶像的学说依然披着孔教的外衣，只不过是他只承认只有他讲的孔学才是真正的孔子之学。可事实上，他的这个观点只是为戊戌变法做准备，只能真正代表他自己。因此大家说，这不是孔圣人，而是‘康圣人’。”[48]疑古思潮在学术研究中的具体实践者和积极推行者当推胡适及其弟子顾颉刚，尤其是后者，提出了所谓的层累地造成的古史观学说。其学说将中国的史前弄成了一片真空地。古史辨在当时有进步的一面，它帮助国人重新认识古代社会，但同时，疑古思潮给学术研究带来了很大的副作用。李学勤先生对此评价说："由于古史辨派在疑古时，往往'抓起一点，不及其余'。因此它们对古代的否定常常有些过头，对一些本来不应怀疑、不该否定的内容也加以怀疑和否定，结果在辨伪上，造成了不少，甚至说是很多冤假错案。而如果对古书和古代全部加以否定，那么古代就没有什么可讲的了。中国古代也就没有什么历史、学术了，中国也就没有什么传统和文化了。"[49]

可以说，"五四"运动的爆发，极大地鼓舞了人们"反封建、反儒教"的勇气和信心。对占统治地位并作为政治意识形态支配了中国达两千多年之久的儒家思想，人们愤起而攻之是情理中的事，可这种风气被有意识地带进学术研究，便是极危险的事，正是在这个意义上，常金仓先生才说："在多数人看来，疑古信古仅仅是关系到态度谨严与否的纯学术问题，实际上它却有着深刻的政治背景。"他一针见血地指出："疑古思潮乃是以学术研究为形式的'五四'反封建的一翼，它在当时政治上的功绩是不可磨灭的，然而也正由于它在政治上的功利主义给学术研究带来了长久的消极影响。"[50]我们说作为一个革命家，或者社会活动家，在当时积极地"打倒孔家店"，扫除封建，是可以理解乃至赞颂的事，但对于一个从古籍文献找寻历史事实，却满怀一腔革命热情，极度情绪化地将之统统斥之为伪书的历史工作者来说，是极不明智的做法。换句话来讲，鲁迅先生从古书中看出"吃人"二字，是无可厚非的事，因为那是现实社会需要的文学小说，但历史学家却不能因此而牺牲历史事实，满脑子想着从古书中"排毒"。历史学家不是布道牧师，也扮演不了"救世主"，历史学家应

该具有起码的科学精神，否则，学科独立之精神是会被阉割掉的。这涉及到本学科建设的一个根本性问题，即学术研究和现实政治的关系问题，这也是历史学家亟待深思和解决的问题。本身，这对历史学家来说，应是痛定思痛的教训总结。常金仓先生说："政治史学即没有科学价值，也缺乏哲理启示，它只是一种实用的东西。"[51]我们无需再留恋"半部《论语》治天下"的已逝政治需要，使历史学科成为独立的、有本身尊严的学科，这恐怕是每一个有责任心的历史工作者努力的方向吧！

参考文献：

[1][51] 常金仓：《穷变通久——文化史学的理论与实践》，辽宁人民出版社，1998 年。

[2] 黄瑞琦：《"三年之丧"起源考辨》，《齐鲁学刊》，1988 年第 2 期。

[3] 顾洪：《试论"三年之丧"起源》，《齐鲁学刊》，1989 年第 3 期。

[4] 俞晓群：《三年之丧的流变》，《文史知识》，1996 年第 8 期。

[5] 丁鼎：《"三年之丧"源流考论》，《史学集刊》，2001 年第 1 期。

[6] 毛奇龄：《四书剩言》卷三，四库全书本。

[7] 顾栋高：《春秋大事表十六》"天子诸侯丧礼已废绝于春秋时论"条，《皇清经解续编》卷九十三，南菁书院版。

[8][18] 刘梦溪主编：《中国现代学术经典·冯友兰卷》，河北教育出版社，1996 年。

[9] 顾炎武：《左传杜解补正》，《清经解》第 1 册，上海书店，1988 年。

[10] 顾栋高：《春秋大事表·春秋左传杜正讹表叙》，《皇清经解续编》卷一百三十，南菁书院版。

[11] 沈钦韩：《春秋左氏传补注·吊生不及哀》，《皇清经解续编》卷五百八十五，南菁书院版。

[12] 廖平:《礼经凡例》,续修四库全书本(据民国十年四川存古书局刻新订六译馆丛书本影印)。

[13][14]康有为:《孔子改制托古考》,《孔子改制考》,中华书局,1958年。

[15] 胡适:《说儒》,载胡明主编:《胡适精品集》(7),光明日报出版社,1998年。

[16] 傅斯年:《周东封与殷遗民》,《适近学论著》附录一,山东人民出版社,1998年。

[17] 傅斯年:《夷夏东西说》,载刘梦溪主编:《中国现代学术经典·傅斯年卷》,河北教育出版社,1996年。

[19][21][22]郭沫若:《青铜时代·驳〈说儒〉》,《郭沫若全集(历史编)》第一编,人民出版社,1982年。

[20] 郭沫若:《十批判书·孔墨的批判》,《郭沫若全集(历史编)》第二编,人民出版社,1982年。

[23] 董作宾:《从高宗凉阴说到武王父子们的健康》,《中国青年》七卷二十三期合刊,民国三十一年(1943)九月。

[24] 钱玄同:《重论经今古文学问题——重印〈新学伪经考〉》序,附于康有为《新伪经考》,北京古籍出版社,1956年。

[25] 顾颉刚:《史林杂识初编》,中华书局,1963年。

[26] 毛奇龄:《三年之丧不折月说》,《丧礼吾说篇》卷七,续四库全书本。

[27][31][35] 金景芳、吕绍纲:《〈尚书·虞夏书〉新解》,辽宁古籍出版社,1996年。

[28] 王国维:《观堂集林》,中华书局,1959年。

[29] 顾颉刚:《古史辩·自序》,上海古籍出版社,1982年。

[30] 李民:《尚书与古史研究》,中州书画社,1983年。

[32] 刘起釪:《尚书学史》,中华书局,1989年。

[33] 常金仓:《周代丧葬礼仪中的史前文化因素》,《山西师范大学学报(社会科学版)》,1994年第1期。

[34] 崔述:《唐虞考信录·尧授时》,载顾颉刚编订:《崔东壁遗书》,上海古籍出版社,1983 年。

[36] [37](英)詹·乔·弗雷泽,《金枝》,大众文艺出版社,1998年。

[38] 刘达成等编译:《当代原始部落漫游》,天津人民出版社,1982 年。

[39] 和志武等:《中国各民族原始宗教资料集成·土家族》,中国社会科学出版社,2000 年。

[40] 杨福泉:《原始生命神与生命观》,云南人民出版社,1995 年。

[41] 和志武等:《中国各民族原始宗教资料集成·傈僳族》,中国社会科学出版社,2000 年。

[42] 王树英:《印度文化与民俗》,四川民族出版社,1988年。

[43] (法)列维·布留尔:《原始思维》,商务印书馆,1997年。

[44] 李祚唐:《论中国古代的服丧期限——"三年之丧"期限的演变》,《学术月刊》,1994 年第 12 期。

[45] (法)爱弥尔·涂尔干:《宗教生活的基本形式》,上海人民出版社,1999 年。

[46] 杨淑华等:《世界习俗面面观》,国际广播出版社,1990 年。

[47] 崔述:《五服异同汇考卷之三·五服余论》,载顾颉刚编订:《崔东壁遗书》,上海古籍出版社,1983 年。

[48][49] 李学勤:《中国古代研究一百年》,《人文杂志》,1997 年第 5期。

[50] 常金仓:《由鲧禹故事演变引出的启示》,《齐鲁学刊》,1999 年第 6 期。

附录二

任侠文化是一把双刃剑[①]

摘要:任侠文化是一把双刃剑。客观理性地看待中国任侠文化的积极因素和消极方面,对当代大学生,特别是理工科的大学生尤显重要,这可以帮助他们更好地理解和分析武侠文学,提升他们对传统文化的判断力,有助于他们文化人格的健康形成。

关键词:理工科　任侠文化　学习

由于“五四”以来,特别是“文革”长时期对传统文化的误读和破坏,因而自改革开放以来,社会整体开始对中国的传统文化进行反思和再认识。正是基于这样的时代大背景,作为社会教育中坚之一的大学,更成为反思、学习和重新倡导传统文化的桥头堡和重镇;再加之国家塑造复合型人才以及推进学分制改革思想的指引,普通高等学校日益重视和加强理工科大学生的人文教育和艺术教育。仅以江苏科技大学为例,从 20 世纪 90 年代中期开始,就已开设了多门人文艺术类的课程,以期提高理工科学生的人文素质和综合水平。笔者所讲授的《中国传统文化导论》、

①本文曾发表于《江苏科技大学学报》2010 年第 2 期。

《中国侠文化讲析》两门课程，选修的学生绝大多数都是理工科专业，特别是《中国侠文化讲析》课，是本单位为全校学生开设的一门人文艺术类限选课。开设该课程的主要目的是，通过对中国古代任侠文化的初步学习和了解，使同学们能正确地认识中国侠文化，客观理性地理解和看待因此而产生的侠文学，特别是近代以来的武侠文学。本文拟在多年教学实践的基础上，重点以任侠文化产生和初步盛行的春秋战国至秦汉间为例，就理工科大学生对任侠文化的学习进行探讨，进而论及如何培养理工科大学生的文化鉴别力。

一、任侠文化的实质

笔者曾撰文指出：任侠者的先驱是来自于春秋时期政治权力场斗争所需要的“盗”、“贼”与勇士等。由于统治阶层内部争夺权力的需要，当合法的方式无法满足政治目的，或为攫取新的权力，又无法按正常秩序进行时，便常诉诸于非正规的、不合法的暴力形式。这时，游侠、刺客类的人物便有机会粉墨登场了。这种来自社会上层的行为，无疑助长了社会生活领域的暴力倾向。[1]因而，主张以严刑峻法治国的韩非将他们看成是五种社会蛀虫之一（即“五蠹”，见《韩非子·五蠹》），称其是“以武犯禁”、“活贼匿奸，当死之民也”，并说他们是“聚徒属，立节操，以显其名，而犯五官之禁”。[2]其后站在国家控制立场上的著史者都肯定这一观点。譬如，班固在《汉书·游侠传》中称游侠是“以匹夫之细，窃杀生之权，其罪已不容于诛矣”。而且他认为他们的行为会使“背公死党之议成，守职奉上之义废矣”[3]。东汉荀悦云：“立气齐，作威福，结私交，以立强于世者，谓之游侠。”[4]如淳的注解为：“相与信为任，同是非为侠。所谓权行州里，力折公侯者也。”[5]

即使盛赞任侠者的司马迁也在《史记·游侠列传》里说得很明白,“今游侠,其行虽不轨于正义”[6],间接地反映了任侠者的社会属性。

但是,从社会民众自身权利的需要和社会整体信任机制而言,任侠者的存在和肯定,乃至被民间褒扬和追慕,是有一定社会基础的。任侠者的“任”准确地反映了社会民众对利他主义的需求和赞扬。《墨子·经上》:“任,士损己而益所为也。”毕沅注释的很明白:“任,谓任侠。”[7]《经说上》又说:“任,为身之所恶以成人之所急。”[8]这完全勾画出任侠者一副见义勇为、赤裸裸的利他主义者形象。

而自汉代已降的整个中国传统社会,由于民众,特别是社会弱势群体对自身权利的强烈诉求,逐步转变成对任侠者的极度赞颂和追慕,寄希望于游离在主流社会内外的这样一个组织化了的群体[9],作为他们的“救世主”,更何况,如司马迁所说:“且缓急,人之所时有也。”[10]当人们在无助的时候,更是钟情于这个特殊群体,这也正是中国侠文学创作取之不竭的资源,无论是中国古代忠孝系列的侠义传,如《水浒传》、《三侠五义》等,抑或是近代以来两次影响巨大的“武侠狂潮”,尤其是金庸、梁羽生、古龙等的作品,对社会民众影响甚大,更遑论人文素质相对比较薄弱的理工科大学生。而问题恰在于,如果社会的公平正义和民众的权利保障借助于政府和合法组织之外的力量,那么这个社会绝大多数民众的权利将在多大程度上得到相应的保障呢?

根据笔者多年来讲授本门课程之初作的随机调查,接近98%的同学认为,

任侠者是社会公正和正义的化身,是社会的良心,是他们仰

慕的对象。而问及他们对任侠文化的了解来源和学习途径时,几乎异口同声地说是通过武侠小说的阅读,而且他们认为中国历史上的任侠者就是小说中描写的那般行侠仗义、高大无比。正是基于这样的一种文化误读或缺乏相应的文化鉴别力,笔者深感有必要全面系统地梳理中国的侠文化,以正视听。

二、任侠文化的积极意义

(一)任侠者的报仇解怨和民事调解部分满足了民间的需要

传统礼治时代,在政府管理缺位的情况下,任侠者满足了部分社会成员,特别是弱势群体个人复仇和民间调解的需要。在中国,家族复仇的习俗一直延续到春秋时代。《礼记·檀弓》记载了子夏问孔子居父母之仇、昆弟之仇、从父昆弟之仇如何复仇的方法。《曲礼》、《大戴礼记·曾子制言》等都有类似的记载。《周礼·秋官·朝士》:“凡报仇者,书于士,杀之无罪。”[11]只要到司法机关的公职人员朝士处登记,杀死仇人便是无罪的,说明到战国还给复仇留有很大余地。

如上述所言,礼制对复仇采取宽容,甚或支持的态度,导致民间复仇甚为盛行。基于礼法结合的法制对复仇现象的默认和法制本身民事规范的不周,社会普遍地存在着复仇现象。《孟子·尽心下》:“吾今而后知杀人亲之重也,杀人之父,人亦杀其父,杀人之兄,人亦杀其兄。”[12]这无疑是孟子目睹众多复仇事件后发出的感慨。复仇现象的普遍存在,极大地刺激了社会范围内任侠风气的滋生蔓延。由于战国血缘及其家族关系的松弛,当受害者亲属团体如无人复仇或复仇无助时,那些抱不平专为人报仇的游侠、刺客类人物便应运而生了。譬如,亡命吴国的伍子胥,为给死于楚平王之手的父兄报仇,四处招募“死士”,几次三番为故主智伯报仇的豫让，替魏王宠妃如姬除掉了杀父仇人的信陵君门客,等等。总之,各种不同目的和方式的复仇现象,都与任侠风气相互混杂起来。

两汉的复仇使法律秩序遭受严重破坏,出现了“子孙相报,后忿深前,至于灭户殄业”的惨状。“怨仇相残”在汉代被称为“七死”之一。[13]正如张国风所言:“民间的复仇行为既反映了社会的不平,也反映了民众对法律的失望。”[14]由于官府不能有效地担负起调解处理民事纠纷的应有职责，任侠者正是借助这种机会发展壮大起来的。他们一定程度上满足了民众的愿望,以政府权力之外的非法方式弥补了现有法律的不足。大致说来,他们主要通过两种途径解决民间社会的纠纷。一是“以躯借交报仇”,诸如郭解、原涉等皆以此方式发迹。《汉书·游侠列传》记载汉成帝时,侠魁萬章、箭张回、酒市赵君都、贾子光,都以大量豢养刺客替人报仇解怨为专门营生。更有甚者,东汉时洛阳出现了组织化很高的“报仇公司”——“会任之家”,职业性的刺客数量极多。[15]《三国志·魏志·闫温传》注引《魏略》:(杨阿若名丰),“少游侠,常以报仇解怨为事,故时人为之号曰:‘东市相斫杨阿若,西市相斫杨阿若’”[16]。另一途径是出面调解民事纷争。《史记·游侠列传》载:“洛阳人有相仇者,邑中贤豪居间以十数,终不听,客乃见解(郭解),解夜见仇家,仇家曲听。”[17]任侠者正是通过这两种方式调停民间争端,从而维护了民间社会的正常秩序。

(二)任侠者的任侠行为部分地弥补了司法不公造成的社会失衡心理

江子厚在《陈公义师徒》里说到:“世何以重游侠?世无公道。民抑无所告诉,乃归之侠也。侠者以其抑强扶弱之风倾动天下。

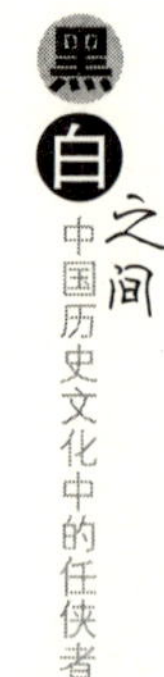

赏罚黜徙，柄在天子。侠之所为，类侵其权。僭乎？抑为上者自弃之，乃起而代之乎？”[18]

由于中国古代的法律，只是君主权力的特殊运用，本身并无独立地位，也谈不上至高无上（如希腊的自然法、中古之永恒法及近代之宪法），所以由此而配套产生的司法制度，亦充满了随意性和不公正性。

扶危济困、抱打不平的侠士角色之所以会出现，是由于社会弱势群体的强烈渴求所致。进入文明社会后，由于人类政治上的不平等和经济上的贫富分化日益加剧，这种需要不但没有完全减弱，反而更胜于以前。尽管司法机关借助国家机器的作用努力主持公道，但是由于中国古代的司法系统只是国家行政机关的从属单位，加之在司法执行过程中，官吏的贪赃枉法行为导致的民众极度不满情绪，全都会诉诸于政府权力之外的异己力量，任侠者正是在这种背景下担当这一特殊社会角色的。骆玉明说的很明白：

> 侠之立世存身，大抵重快意而尚豪迈，不欲琐琐鄙鄙，曲意顺人，其重然诺，轻货财，拔人于厄难，曾不虑生死，则尤为世所称羡者，以中国旧时情形论之，法律常粗疏而官吏多贪暴，民间群体遂不能不自行组织，相为维护。而人谁无缓急，当困厄之际，官府莫能解，亲戚不能济，则有望于友朋，有望于陌路中持刀行义之人，亦自然之情。[19]

社会弱势群体的存在一直是社会的现实，国家如果不能从根本上去保障他们的权利，其本身就会构成社会潜在的危机。他们不能够通过政府公正的司法程序来解决纠纷、争端时，或者会发愤一击，或者借助政府之外的其他力量来达到自己的目的。因此，社会上出现“以报仇解怨为事”的任侠群体，便不足为奇了。钱大群先生一针见血地指出：“‘复仇’彻底消亡的前提是：国家的司法做到有罪必罚，罚必公正，使‘复仇’客观上成为不必要。”[20]从本质上讲，现代法律正是依据这种精神制定的，有些法学家就说：“在某种意义上，任何法都是一种报复，只不过现代法作为文明的报复采取了更优越和更精确的形式，使报复成了包含在犯规行为内的一种自身的因素，报复的量和质与犯规的量和质和谐地统一起来。”[21]

三、任侠文化的消极作用

（一）任侠者的秘密化与组织化

任侠者通过广泛交游加强了组织化的程度。之所以如此，原因就在于借助这种方式，可以构建起一幅为他们所利用的庞杂社会关系网络。以汉代为例，任侠者与权贵、豪族等的交通，便是他们寻求“保护伞”，试图得到政治庇护的交游方式之一。这种情况，尤其在“侠魁”身上体现得淋漓尽致。所谓“侠魁”，是指史书称谓那些从任侠者群体中发展出来的领袖式人物，他们也是任侠者逐步组织化的重要标志。与汉高祖同时的鲁侠朱家，“所藏活豪士以百数，其余庸人不可胜言”。可见他俨然是这些组织化了的侠士中的魁首，以致“自关以东，莫不延颈愿交焉”[22]。但同时，他又敢于藏匿“数窘汉王”，“为气任侠，有名于楚”的楚将季布，当时，“高祖购求布千金，敢有舍匿，罪及三族”[23]，他在濮阳周氏、汝阳侯滕公等人的帮助下，多方打点，替季布求情，并最终使季布得到赦免，充分说明了他庞大的社会关系网络，这是先秦游侠无法比拟的，剧孟也是如此。《史记·游侠列传》记载“七国之乱”时，周亚夫在河南得到剧孟，高兴地说：“吴楚举大事而不求孟，吾知其无能为已矣。”剧孟的势力在当时社会上的地位，可见一斑。如果他不是赫赫有名的侠魁，与诸侯又无甚交往，如何能有如此大的政治号召力和影响力。郭解被迁徙时，“诸公送者出千余万”，可以想见其排场。基于汉代的国家统一，在一定程度上限制了游侠的活动，交结王侯权贵是迫不得已寻找“知己”的选择，也唯有如此，他才能为自身及其他侠客找到可靠的“保护伞”。因此，交通王侯，出入贵戚之家，使得这种“互惠互利”的人际关系网络成为汉代任侠者很显著的一个特征。侠魁既是任侠者组织内部的领袖，又是社会群体中很有影响力的权威人物。郭解作为侠魁，在民间很有威望，他到附近的郡国去，常为人调解处理各种棘手的事，因此获得了空前的声誉和尊重。这说明了侠魁在组织化的任侠者内部已具有相当的权威，并已影响到某种社会局面。

需要提及的是，随着民间的任侠者组织化愈来愈强，因其“以武犯禁”的暴力性，威胁着统治者的统治，故常处于被镇压打击之列，于是便又生出了许多性质不同的组织类型，例如后来出现的绿林、帮会、秘密社会等组织，今天所谓“黑社会”犯罪集团，也是上承其余绪产生的变种之一。

（二）任侠者暴力行为的社会效应

正如前面提及的，游侠、刺客等绝大部分有一技之长，依武恃勇，进行有目的的社会活动。《韩非子·五蠹》言：“其带剑者，聚徒属，立节操，以显其名，而犯五官之禁。”荀悦《汉纪》：“立气势，作威福,结私交,以立强于世者,谓之游侠。”颜师古注《汉书·季布传》“任侠”云:“任谓任使其气力,侠之言挟也,以权力挟辅人。”[24]都是暴力达到目的的意思。事实上,这一基本史实贯穿于整个中国传统时代,此类事例比比皆是,举不胜举。譬如,以两汉为例,司马迁在《史记·游侠列传》中记述的剧孟、郭解之流,都是此类典型代表,班固在《汉书·游侠传》中描述的陈遵、楼护等人的行径,更是有过之而无不及。后世行走江湖、啸聚山林的任侠者个体及其组织,无不将这一特点发挥得淋漓尽致。作为中国古典名著的《水浒传》通过文学艺术的方式也较真实地反映了这一历史特点。

良好的社会舆论导向是大学生健康成才的重要条件。由于现代社会是信息化的社会,大众传媒对社会舆论导向的影响作用是巨大的,尤其是影视、游戏的宣传效应不可忽视。目前我国大众媒体中暴力犯罪的内容愈演愈烈,大肆泛滥,这对社会成员产生了极其不良的影响,更遑论成长中的大学生。英国著名社会活动家怀特豪夫人一生致力于反对传媒中的暴力,她有一句名言:“充斥于大众传媒的也会充斥于人间。”[25]暴力亦是如此,它会诱使人犯罪,危害社会。

必须指出的是,当前我国大众传媒不遗余力地宣传以江湖侠客为内容的书籍与影视作品,再加之一些所谓文人“超常”的想象力,描绘和构建出一个现实中根本不存在的理想的、虚幻的任侠世界及各色江湖人物等,极力鼓吹超于现实的所谓任侠精神和暴力行为,甚至将暴力合理化,去迎合某些社会成员的口味。事实上,中国传统的以武侠文化及帮会文化为中心的犯罪亚文化部分和当代犯罪文化的相互结合,已成为我国现阶段黑社会性质组织赖以存在和发展的意识形态之一。

中国传统文化中的任侠文化，说到底，就是一个看似绚丽多姿的罂粟花，既会让孩童们迷恋于此，更会成为成年人恒久咀嚼的童话与美梦。它真实地反映了传统时代庞大的社会弱势群体在维护自身权利无助时的一种无奈“情结”，即寄希望于个人或群体困厄之际及时出现超级“拯救者”。正如我们以上分析说明的那样，终中国传统时代，应如此社会需要的任侠者大有人在，甚至前赴后继，但一个基本的史实是，他们不仅没有成为救世主，反而进一步加剧了社会暴力组织化的倾向，这种凭一己喜好断人生死的非理性行为，事实上与现代文明社会是无所助益的。现代社会社会成员权利的保障是多方面的，首要条件就是真正的法制社会得到确立。尽管时至今日，众多的民众一厢情愿地希冀“侠”的出现，网民们甚至冠以“上海杨佳案”的杨佳、“湖北巴东案”的邓玉娇以“大侠”、“侠女”之名，但这恰恰反映社会弱势成员自身权利受损得不到应有保障时，无可奈何的发愤一击，难道现代社会，每每都要通过如此的“侠行”来维护我们的权利？难道你真以为小说家言“侠之大者，为国为民”，会给社会的绝大多数成员带来真正的公平和正义？如真能如此，我们就不需要花一两百年进行社会全面变革的近现代化了。真实的情况是，我们直到现在还没有完全完成这一历史转型，社会成员应有权利的保障之路仍然荆棘丛生。

大学的人文艺术类课程应该起到追溯历史、注重事实、深研细挖、关注现实、客观公正地评介历史文化，理工院校更需如此，因此，我们在理解中国古代任侠文化的基础上，必须要全面看待当下的“武侠文学”，不能深陷这一“怪圈”而难以自拔，尤其是文化判断力比较薄弱的理工科大学生。

参考文献：

[1] 孙云：《政治权力场的斗争和任侠者的产生》，《社会科学论坛》，2007年第9期。

[2] 王先慎：《韩非子集解·五蠹》，中华书局，1998年，第456页。

[3] 班固：《汉书·游侠传》，中华书局，1962年，第3697页。

[4] 荀悦：《两汉纪·前汉孝武皇帝纪》，中华书局，2005年，第752页。

[5][23][24] 司马迁：《史记·季布列传》，中华书局，1959年，第2729页。

[6][10][17][22] 司马迁：《史记·游侠列传》，中华书局，1959年，第3181、3187、3184页。

[7][8]周才珠、齐瑞端译注：《墨子全译·经上》，贵州人民出版社，1995年，第362、417页。

[9] 孙云：《名利的驱动和任侠者的组织化》，《船山学刊》，2006年第1期。

[11] 阮元：《十三经注疏》，中华书局，1980年，第878页。

[12] 焦循：《孟子正义·尽心下》，中华书局，1987年，第955页。

[13] 范晔：《后汉书·桓谭传》，中华书局，1965年，第955页。

[14] 张国风：《公案小说漫话》，江苏古籍出版社，1992年，第29页。

[15] 王符：《潜夫论·述赦篇》，汪继培笺，上海古籍出版社，1978年，第214页。

[16] 陈寿撰，裴松之注：《三国志·魏志·闫温传》，中华书局，1960年，第958页。

[18] 江子厚：《武侠丛谈·陈公义师徒》，上海书店，1989年，第185页。

[19] 汪涌豪：《中国游侠史·序二》，复旦大学出版社，2001年，第1页。

[20] 钱大群：《中国法律史论考》，南京师范大学出版社，2001年，第

169 页。

［21］蒋德海:《伦理文明,还是法治文明》,华东师范大学出版社,2001 年,第 19 页。

［25］何秉松:《黑社会犯罪的自组织原因论》,《政法论坛》,2002 年第 5 期。

附录三

春秋战国时期任侠风气与法治关系的文化考察①

摘　要：春秋战国时期，社会普遍弥漫的任侠之风，是社会变迁时期出现的新型文化现象。春秋以来的"礼崩乐坏"，加之政治领域内无政治规范的权力斗争，体现了法治及其体系的不成熟、不健全；同时，该时期时人承继并经改造后的复仇现象层出不穷，是对法治的严重挑战；对破坏了的民间社会秩序的重建及控制，也是考察法治成功与否的关键因素。

关键词：任侠风气　法治　政治斗争　复仇现象　民间社会秩序

春秋战国之际，是社会急剧变动的时期。"周室道衰，礼法隳坏，诸侯刻桷丹楹，大夫山节藻棁，其流至于士庶，莫不离制度。"[1]在这一特殊社会变迁过程中，各种文化要素相互交织，互相碰撞，发生作用，从而重新构成了许多新的文化现象。当时，社会普遍存在的任侠风气，便是新生文化现象在变革社会中催生的结果。产生任侠风气的原因是多方面的，也就是说，是由多

---

①本文曾发表于《固原师专学报》2003 年第 4 期。

种文化因素共同作用的结果。其中,该时期广泛领域内法治的未实行,抑或整个法制体系的不成熟、不健全是重要因素之一。近世以来,单纯研究游侠及其文化的论文及专著已甚繁稠,但将其置于具体社会背景,作为一种新兴文化现象,并从法治角度考察的,仍属稀见。本文拟就法治与任侠风气二者的关系加以考察与论述,以便从新的角度把握任侠风气盛行的原因与时代背景。

现象史学的研究目的及具体方法表明:现象是社会成员,至少是某地区、某阶层、某团体成员行为中显示出来的共相,而不是单纯的一个事件,抑或某人或某几个共同参与的一个独特活动过程。同时,基于现象本身的相对稳定性、普遍性,使得我们能够对其进行科学方法的处理,从而从那些反复重现的现象中归纳出事物的原理来。也唯有如此,方能达到现象史学研究的最终目的,即通过对现象的科学分解,去发现历史的通则、原理或规律。[2]春秋战国时期社会普遍弥漫的任侠之风,是一种新型的社会文化现象。在具体考察该现象之前,有必要明确关于任侠的同时代语义,或者说,任侠风气表现的主要特征。单纯的文字考证,是无法全面、准确地表述、揭示这一客观特有文化现象的。大致说来,任侠风气表现的主要特征有三:

其一,具有一定的暴力倾向。其践行者绝大部分有一技之长,依武恃勇,并以此进行自由的社会活动。《韩非子·五蠹》言"其带剑者,聚徒属,立节操,以显其名,而犯五官之禁",即指这个方面。

其二,获得普遍的社会认同和价值肯定。譬如,任侠风气成熟时期盛行的"士为知己者死"的价值观念,"言必行,行必果"[3]式的行事方式和处世原则等,都是社会认同,乃至赞颂的行为观念，甚至出现“弃官宠交谓之有侠”[4]的社会普遍现象。

其三，反映了社会秩序的变动。《韩非子·显学》曰：“儒侠毋军劳显而荣者，则民不使，与象人同事也。夫知祸磐石象人，而不知祸商官儒侠为不垦之地、不使之民，不知事类者也。”可见，任侠风气影响下的主体践行者——“侠”，既能“毋军劳”，又能“显而荣”，打破了传统社会的各种秩序。

春秋时期，礼崩乐坏，礼制仅是时政的参照而已。在这种背景下开始萌生的任侠风气，因政治领域还未完全褪尽的礼制色彩，为其提供了有利的生长环境。常金仓先生曾归纳过“礼治”的四个重要特点，现举一二说明。他称礼治“只是依据某种抽象的礼意临时讨论决定罪恶之轻重而不预设一个具体而客观的标准”，“礼治的本质是心治，它期望把人的邪恶消灭在萌芽状态，在灵魂深处爆发革命，无表而自正”，并说“在东周社会的变迁中使礼治难以为继的一个重要因素是贤人群体的消失”。[5](P287-289)春秋时期如此，战国阶段更是有过之而无不及。鉴于此，具体讨论任侠风气与法治两者关系时，可以从以下三个方面进行分析考察。

第一，政治领域，统治阶层权力斗争的需要是任侠现象产生的一个重要条件。也就是说，当世俗的、合法的方式无法满足现实政治需要，或为攫取新的权力，又无法按正常秩序进行时，便常诉诸于非正规、不合法的暴力形式。这时，游侠、刺客类的人物便有机会纷纷登场了。这种打破传统礼制体系的结合，无疑助长了社会生活领域的暴力倾向。

《史记·太史公自序》云：“春秋之中，弑君三十六，亡国五十二，诸侯奔走不得保其社稷者不可胜数。”如此剧烈的政治变动，

给任侠风气的逐渐蔓延提供了机会。《左传》开篇所记第一位诸侯鲁隐公，便被臣子"羽父使贼弑公于寫氏"[6]。这是臣下图谋升迁，两面三刀要政治手腕的结果。至少说明，作为臣子的"羽父"，游刃有余且随意指使"贼"弑公，是春秋以降，政治权利场斗争中惯用的伎俩。"贼"的所作所为，明显是逍遥于法外的。桓公十五年又载"祭仲专，郑伯患之，使其婿雍纠杀之"。但，这次君臣合谋杀专政擅权大臣的计划，因雍纠妻告其父而流产。由此可见，身为诸侯的郑伯，无法用正当的政治手段或程序除去专权大臣，而寄希望于其婿的谋杀，本身显现君权下降的同时，又反映出政治体制的非法制化，即无法通过正常的政治上的法治规范来约束其臣子。桓公十六年讲述了这样一则故事：卫宣公后娶的宣姜及其子公子朔密谋，使"盗"杀前妻之子急子。宣姜另一子寿不忍，将此事告知急子，但急子终不听。寿只好假饰其旌先往，资于路中杀之，急子后至，自请盗又杀死自己。一方面，单纯就事件而言，说明急子不畏死的行事准则等诸方面，体现了他的气节；另一方面又表明，只要是为满足政治权力范围内的争斗，"盗"便有了广阔的用武之地。值得注意的是，这类"盗"并不十分计较是非得失，确立行事标准，这与后来成熟时期任侠风气影响下的践行者略有区别。但无论如何，法律是奈何不得他们的。就《左传》而言，春秋时期涉及到政治领域权力争夺中，利用"盗"、"贼"及勇士等从肉体上除掉政敌，扫清权力上升之路是不胜枚举的。甚至，有关个人的私情旧怨，也是通过这种方式解决的。桓公十八年载，齐襄公与文姜私通之事败露后，齐襄公"使公子彭生乘公（鲁桓公），公薨于车"。尽管，迫不得已的齐人后来杀了替罪羊彭生了事，可作为真凶元首的齐襄公，依然故我，逃脱惩罚。诸侯国之间尚如此，更遑论其他？实际上，春秋时期，这些积极活跃于政治舞台的“盗”、“贼”、勇士等，是社会变迁中政治失范的伴随产物，也是法制体系不成熟、不健全的直接反映。正是由于礼治的无力与苍白，法治的未深入展开，失范政治土壤上滋生出的这些“盗”、“贼”、勇士们，便从容游走于各种政治场合，满足不同政治需要。需要说明的是，春秋时期的诸侯、卿大夫们都公开豢养勇士，譬如齐庄公有勇士殖绰、郭最[7]；晋栾氏有力臣督戎、州绰、邢蒯[8]；齐景公有勇士公孙接、田开疆、古冶子[9]，就连伍子胥亡命楚国，仍求得“死士”[10]。这一定程度上助长了任侠风气的逐渐生成。而这些勇士，是权贵们实行政治权谋时积极利用的工具。《左传·宣公二年》讲晋灵公不君，“宣子（赵盾）骤谏，公患之，使鉏麑贼之。晨往，寝门辟矣，盛服将朝。尚早，坐而假寐，麑退，叹而言曰：‘不忘恭敬，民之主也，贼民之主，不忠；弃君之命，不信。有一于此，不如死也。’触槐而死”。这里，作为“贼”的鉏麑固然深明大义，但处在“忠”与“信”尴尬两难处境之中，唯有死才能保全他的名节。这是任侠风气渐次成熟的表现，即“贼”有了自己的价值标准和道德原则。从另一侧面讲，则又体现出法治的不成熟性。作为国主的晋侯，对付直言强谏的大臣，不是运用正当的政治手段，而采取私地里派人袭杀的方式，足见上层统治者对这种暴力方式的嗜爱与依赖。回观上述故事，当晋灵公刺杀赵盾不成，于是再次谋划，仍旧是借饮酒之机，预先“伏甲”，采用非正常的政治程序来解决。国君尚且如此，臣子自然毫不示弱，赵盾“其右提弥明知之”，搏杀晋侯恶犬，以死救赵盾出。礼制在此时如仅具躯壳的一具死尸而已，君臣间几无政治规矩可言，所谓礼制原则下建立起的整套制度，在这一时期，都受到前所未有的严重冲

击与破坏，向其初衷相反的方向发展。战国时期，表现的则更甚于此。葛兆光教授曾精妙地比喻分析战国时期的现实情况，他说："人在那个时候已经发展出来最冷酷和最彻底的实用理性，早已经不再相信那些不能直接获得利益或遭受惩罚的仪式和象征，也早已经不再相信那些没有实用意义的良心和道德。仪式和象征，良心和道德，仿佛破旧的稻草人在田边孤零零地矗立着，没有人真的把它当做人来看，连麻雀的眼珠也不转过去，要守住实际的稻谷，就只有真的使用惩罚的手段。"[11](P261)

战国社会的这种全方位变动，给任侠风气的发展提供了宽松的空间和长足的时间，遂使得这一风气不仅浸润包括游侠、刺客、勇士等在内的主体践行群体，而且还影响了社会其他成员。实际上，这些任侠之风的主体践行者，是应特殊社会特殊需要产生的。汉代的班固就认识到这点。他说："周室既微，礼乐征伐自诸侯出。桓、文之后，大夫世权，陪臣执命。陵夷至于战国，合纵连横，力政争强。繇是列国公子；魏有信陵、赵有平原、齐有孟尝、楚有春申，皆藉王公之势，竟为游侠，鸡鸣狗盗，无不宾礼。"[12]战国时期，政治领域内的争权夺利更日趋激烈化、白热化，仅存的几个诸侯大国之间的争斗和征侵，日甚一日。因此，无论是国内的权力斗争，抑或是国际上的政治纷争，都已无世俗的、合法的模式可资鉴，不同集团的统治阶层竭尽所能、不择手段地为现实政治目标而努力奔走。从这个意义上讲，任侠风气先天崇尚的暴力性质极大地迎合了统治者的政治口味，故而，他们才会不惜枉己屈尊、卑辞礼贤下士，大量豢养门客。其中，以武力见长者自然是"座上宾"。战国"四豪"养客，依仗其武力实现政治目的的典型事例，便是明证。以孟尝君为例，司马迁就说："吾尝过薛，其俗间里率多暴桀子弟”,“问其故,曰:‘孟尝君招致天下任侠,好人人薛中盖六万余家矣。’”[13]其后世流俗尚如此,可见当初一斑。四公子如此大批地招养“天下任侠”,其目的便是“以相倾夺,辅国持权”[13]。权力场的争夺,没有了约束监督机制,更谈不上法治。各种不同的利益集团或群体为了现实政治目的,会想尽办法,不惜采取任何手段攫取新的权力或达到某种目的,游侠、刺客层出不穷,任侠之风盛行,即非什么咄咄怪事了。

战国时期,上层权贵交结豢养一技之长的勇士,以图报一己私怨或实现某种政治目的的例子多不胜举。且不论信陵君交结的“大梁夷门监者”侯嬴、“市井鼓刀屠者”朱亥[14],燕太子丹宾礼“好读书击剑”的荆轲、“善击筑者”高渐离及“燕之处士”田光[15],单就卿大夫招养勇士而言,就能很好说明这个问题。屡次三番为范中行氏报仇的豫让,皆因“智伯以国士遇臣”[16]。在权力斗争中失败的严遂(严仲子),厚币卑辞求聂政报杀自己的政敌,聂政后来果行其事,理由极简单:“政乃市井之人,鼓刀以屠,而严仲子乃诸侯之卿相也,不远千里枉车骑而交臣……然是深知政也。”[17]这些行刺任侠行为及价值观卓然于世却又被社会认同,乃至赞颂,可见任侠之风的浸润已非短期所致。

正是鉴于战国时期这种政治上“无法无天”的倾杀谋夺,后期兴起的法家,极力倡导法治,尤其是韩非,站在重建社会秩序、维护绝对君权的立场上,对“以武犯禁”[18]的侠类予以激烈抨击。法治主义在这一时期渐成时代主题,实为社会现实的需要。梁启超说:“我国自三代以来,纯以礼治为尚。及春秋战国之间,社会之变迁极剧烈,然后法治思想乃始萌芽,法治主义者,应于时势之需要,而与旧主义宣战者也。”[19](P1254)其实,早在春秋时期，就有因法治松弛而几致祸害的事例。《韩非子·内储说上·七术》说子产相郑，病且将死，劝游吉务必行严刑苛法。“子产死，游吉不忍行严刑。郑少年相率为盗，处于萑泽(《左传·昭公二十年》作“萑苻之泽”)，将遂以为郑祸。游吉率车骑与战，一日一夜，仅能克之。”这里指称的“郑少年”，是游侠、刺客类赖以存在的社会基础成分，也是任侠风气重要的社会践行群体。任侠风气自上而下，普遍存在于整个社会之中，这些成分比较复杂，又威慑官方权威的社会边缘性群体的存在，统治者及民间社会对此普遍抱有的社会认同和价值肯定，使得重建社会秩序，维护君主绝对权威，就必须实行严刑苛法来驱除这种浸润社会已久的任侠风气，打击乃至消灭任侠风气的主体践行者。英国早期法人类学家梅因说：“社会的需要和社会的意见常常是或多或少走在‘法律’的前面的。”[20](P15)《韩非子》便反映了这种情况。《韩非子》深恶当时上层统治者大量豢养侠士的不良现象，抨击说：“儒以文乱法，侠以武犯禁，而人主兼礼之，此所以乱也。”[18]韩云波先生对此解释说：“侠不单单是不合作，更在于他依恃武力；并常常导致干犯朝廷禁令的事实。”[21]当时的社会现实状况是：“犯禁者诛，而群侠以私剑养。故法之所非，君之所取，吏之所诛，上无所养也。法趣上下四相反也，而无所定，虽有十黄帝不能治也。”[18]鉴于这种对国家权威、社会秩序产生的危害性，韩非把侠列为五蠹之一，强烈反对国君对之宾礼优遇，主张以严刑苛法来禁杀任侠风气的蔓延。他说：“故明王峭其法而严其刑”，“是以赏莫如厚而信，使民利之，罚莫如重而必，使民畏之，法莫如一而同，使民知之”[18]。这种观点遍见书中，其目的只是为了倡导法治的推行，以图禁杀任侠风气极度地泛滥，从而维护正常的社会秩序，加强君主专制的绝对权威。章太炎指出:“法家之患,在魁柄下移。移者成于纵横之辩言，其上则雄桀难御，不可以文法约束者为特甚。故韩非所诛,莫先于务朋党、取威誉。其在蒿莱明堂之间,皆谓之侠。”[22]章氏可谓察其端倪,正是上、下整个社会阶层普遍崇尚的任侠之风,严重地干扰了国家、社会正常的秩序。也基于此,韩非极力主张推行法治,认为唯有如此,方可以避免任侠之风的过度蔓延,才可以禁止任侠践行者的越轨行为,从根本上消除任侠风气存在的社会基础。

第二,社会认同的复仇行为,在一定程度上也助长了这一时期任侠风气的盛行。禁止报仇是战国以来强调法治的一个重要实施目标。

复仇,尤其是血亲复仇,在上古氏族社会即已有之,世界范围内不同地区、不同种族的原始人群亦是如此。人类学家对此有所记录与描述。摩尔根说:“北美易洛魁氏族的一个成员被杀害,就要氏族去为他报仇……杀人者既已偿命，公正的要求乃得到满足。”[23](P75)恩格斯也指出:“同氏族人必须相互援助、保护,特别是在受到外族人伤害时,要帮助复仇。个人依靠氏族来保护自己的安全,而且也能做到这一点,凡伤害个人的,便是伤害了整个氏族。因而,从氏族的血族关系中便产生了那为易洛魁人所绝对承认的血族复仇的义务。”[24](P83),春秋战国时期,报仇之风极盛。任侠风气下有抱不平专为人报仇的游侠、刺客类。但这一时期,复仇之风与远古的血亲复仇略有差别。瞿同祖先生说:“其他社会复仇的责任不外乎血属,中国则不止于此,这是值得注意的一点，也是中国复仇习惯中的一个特点。中国的社会关系是五伦,所以复仇的责任也以五伦为范围,而朋友亦在其中。”[25](P69)

以孔子为代表的儒家思想对血亲复仇给予了充分的肯定。《礼记·檀弓》记子夏问居父母之仇，子曰："寝苫、枕干、不仕，弗与共天下也，过诸市朝，不反兵而斗。曰：'请问居昆弟之仇如之何？'曰：'仕，弗与共同，衔君命而使，虽遇之不斗。'曰：'请问居从父昆弟之仇如之何？'曰：'不为魁，主人能，则执兵而陪其后。'"《曲礼》、《大戴礼记·曾子制言》等都有类似的记载。实际上，儒家之所以积极鼓励并提倡血亲复仇，一方面是其孝悌为本的伦理思想规定使然，另一方面，也是对当时社会现实的认可与回应。《孟子·尽心下》："吾今而后知杀人亲之重也，杀人之父，人亦杀其父；杀人之兄，人亦杀其兄。然则非自杀之也，一间也。"孟子说的这种复仇情况，应是当时亲眼所见的社会事实，所以才会发如此感慨。

复仇现实的普遍存在，极大地刺激了社会范围内任侠风气的滋生蔓延。譬如，春秋时期晋国发生的"赵氏孤儿"故事，便是一例。程婴、公孙杵臼不惜以死辅助赵朔遗腹子赵武报仇复祖业的行为，是复仇与任侠风气混杂结合的典型事例。又如豫让再三为智伯进行的复仇行为；成功窃符救赵的信陵君，因事先替如姬杀掉了"资之三年"的杀父仇人，才会有后来如姬报恩式的冒死窃符。战国后期，这两种文化因素相互交织、相互作用的混合风气更盛。就连被司马迁惊叹容貌俊如妇人好女的韩国侠士张良，也是"弟死不葬，悉以家财求客刺秦王，为韩报仇"[26]。正是借助暴力手段，以武力为特征的复仇之风极大地刺激和助长了当时社会上的任侠之风。虽然国家较早地开始对复仇，尤其是血亲复仇的行为从司法上加以约制和惩处，但儒家伦理的逻辑体系又与法律的权责常处于相互矛盾的状态之中，因而，具体操作中困难重重。《周礼·地官·调人》云:“凡杀人有反杀者,使邦国交仇之。凡杀人而义者,不同国,令弗仇,仇之则死……凡有斗怒者,成之,不可成者,则书之,先动者诛之。”《周礼》还对于报仇的事作了种种的规定。《周礼·秋官·朝士》:“凡报仇者,书于士,杀之无罪。”说明只要到朝士处登记,杀死仇人便是无罪的,这给复仇留下了有回旋余地的缺口。同时,前述的官员调人,也专司避仇和解之事。《周礼·地官·调人》:“调人掌司万民之难而谐和之,凡过而杀人者,以民成之。”然后按五伦之中的尊卑亲疏关系,将避仇的范围和义务,以礼制为准绳,等级式地规定下来,并注明:“弗辟,则与之瑞节而以执之。”

尽管战国以来,由于复仇导致的任侠之风愈益盛行,禁止报仇的法治未彻底实行,或一再遭挫而废止,但仍不乏成功事例的国家,秦国便可为佐证。由于商鞅变法,明令“为私斗者,各以轻重被刑”,使民“勇于公战,怯于私斗”[27],采取严刑酷法的方式打击一切威胁官方权威的暴力行为,相应地,秦地的任侠之风不是非常浓厚。

第三,社会的大变动,致使民间社会秩序被打乱或破坏,国家积极利用法治重建社会秩序,进一步加强社会宏观控制能力。这在一定程度上,制约和打击了任侠风气的扩展。

春秋中晚期,由于“礼治”已回天无力,治国乏术,“法治”思想已刻不容缓地提到了现实政治日程上。尽管这一时期“法治”思想并未完全占据国家统治思想的主导地位,但社会上日益加剧的不平等现象层出不穷,迫使国家不得不以法治的方式介入其中,调解和处理各类事件。对于社会暴力性质浓厚的任侠风气,亦是如此。《左传·襄公二十二年》讲述了这样一件事:郑国游

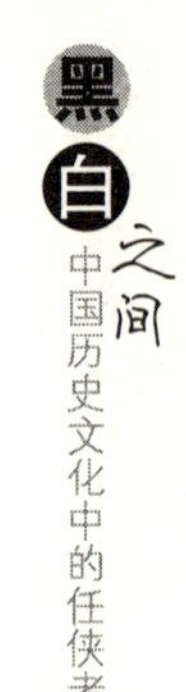

贩路遇民间娶妻者，强夺其妻并留宿邑馆，其夫攻杀了游贩，与妻子一道逃奔。郑国主事的子展不但没有责罚他们，并且“使复其所，使游氏勿怨，曰：‘无昭恶也’”。在这件事中，民人因夺妻之恨而愤起杀权贵，子展执法有度，目的也明确，就是禁令彼此互报仇怨，使游贩之恶再勿昭彰。

战国时期，是“争于气力”[18]的时代。随着各大国之间相互攻略侵夺的加剧，对国力和军事的重视空前高涨。国家一方面希望对外战争上有“勇死之民”，“见战也如饿狼之见肉”[28]，另一方面，却严厉打击敢于私斗、依武恃勇的“暴民”。正是基于这种政策立场，国家对社会普遍盛行的任侠风气采取了相应的措施。从现存文献看，秦国当时表现得尤为突出。秦采取的最主要法治措施，便是将社会认同的任侠之风既进行禁制，又从多方面进行改造和疏导，并积极利用军法，使秦民“勇于公战，怯于私斗”[27]。认为“国乱者，民多私义，兵弱者，民多私勇”，“民勇者，战胜；民不勇者，战败。能壹民于战者，民勇；不能壹民于战者，民不勇”。[28]故而，国家应该“怯民使以刑，必勇；勇民使以赏，则死。怯民勇，勇民死，国无敌者强，强必王”[29]。这种将社会上好勇任侠之风通过耕战方式、赏罚手段分化、转化的途径，实现了既禁制任侠之风，同时又增强军力、国力的政治目的。所以，《尉缭子》讲军法才会说：“凡诛者，所以明武也。杀一人而三军震者，杀之；杀一人而万人喜者，杀之。杀之贵大，赏之贵小。”[30]杀赏结合的军法制度，产生了积极的政治效果，从而出现“壮士在军，攻城先登，陷阵却敌，斩将搴旗，前蒙矢石，不避汤火之难”[31]之举，不能不说秦国的强盛与这些特殊的法律制度不无关系。另，1975 年，湖北云梦出土的秦简的记载，也可说明这一事实。这批法律文书是秦国从商鞅变法到统一中国期间所制定的法律和法规，具体反映了秦国商鞅变法之后在法制建设上所取得的重大成就。其中，部分内容和法律条目反映了当时社会风气和法治状况。《语书》称当时社会法治状况是："法律未足，民多诈巧，故后有间令下者。凡法律令者，以教道(导)民，去其淫避(僻)，除其恶俗，而使之之于为善殹(也)……今法律令已布，闻吏民犯法为间私者不止，私好，乡俗之心不变。"[32](P15)民间"犯法"、"间令"及其"乡俗"具体有哪些呢？这可从《秦律杂抄》、《法律答问》及《封诊式》中窥见一斑。《秦律杂抄》中"游士律"规定："游士在，亡符，居其赀一甲；卒岁，责之。"[32](P129-130)意即游士居留必须有凭证，否则，所在的县罚一甲，居留满一年者，则加以诛责。这是现存最早专门针对游士的法律文献，也正好反映了当时社会存在着大量的游民阶层，而任侠风气的主体践行者，诸如游侠、刺客类，绝大多数都属游民阶层范围。这种对人身自由活动及其活动空间的严格限制，也是打击任侠风气的一个重要举措。《法律答问》中提到"不仁邑里"、"斗杀"等不法行为，因其危害社会秩序，也是法律禁止和严惩的主要对象。秦通过这些细密如网纹的法律条文，紧紧地控制了民间社会的秩序，使得任侠之风渐失生存空间。

春秋战国时期任侠风气与法治之间的关系大抵如上所述。春秋时期，时政所依已败坏的礼制，由于礼制无法再如以往进行有序的社会调控，尤其是政治领域更显苍白无力，这给培植任侠风气的成长提供了良好的环境；而上古以来遗留的血亲复仇现象，经春秋战国时期时人的改造，特别是儒家从理论上进行肯定和阐释，无疑助长了该时期任侠风气的蔓延。在这样一个特殊的社会变迁时期，加之任侠风气对整个社会长期的浸润，对破坏了

的民间社会秩序进行相关重建，便是统治者积极关注的一个重要问题，秦国在这方面表现得较为突出，取得的成就也最显著，它通过利用军法，及一系列严酷刑法对任侠风气进行了禁约和打击。从这个意义上说，“秦无儒侠”之说并非妄谈臆测。

参考文献：

[1] 荀悦：《前汉纪》(卷七).

[2] 常金仓：《论现象史学》，《宝鸡文理学院学报(哲社版)》，2001年第3期。

[3]《史记·游侠列传》

[4]《韩非子·八说》

[5] 常金仓：《穷变通久——文化史学的理论与实践》，辽宁人民出版社，1998年。

[6]《左传·隐公十一年》

[7]《左传·襄公二十一》

[8]《左传·襄公二十三年》

[9]《晏子春秋·内篇谋下》

[10]《史记·伍子胥列传》

[11] 葛兆光：《中国思想史·七世纪前中国的知识、思想与信仰世界》(第一卷)，复旦大学出版社，1998年。

[12]《汉书·游侠列传》

[13]《史记·孟尝君列传》

[14]《史记·魏公子列传》

[15]《史记·刺客列传》

[16]《战国策·赵策》

[17]《战国策·韩策》

[18]《韩非子·五蠹》

[19] 梁启超:《中国法理学发达史论》,《梁启超全集》(第三册),北京出版社,1995 年。

[20] (英)梅因:《古代法》,沈景一译,商务印书馆,1959 年。

[21] 韩云波:《〈韩非子〉与战国游侠》,《四川大学学报(哲社版)》,1994 年第 3 期。

[22] 章太炎:《检论·思葛》,《章太炎全集》(卷三),上海人民出版社,1984 年。

[23] (美)路易斯·亨利·摩尔根:《古代社会》,商务印书馆,1977 年。

[24] (英)恩格斯:《家庭、私有制和国家的起源》,《马克思恩格斯选集》(第 4 卷),人民出版社,1972 年。

[25] 瞿同祖:《中国法律与中国社会》,中华书局,1981 年。

[26]《史记·留侯世家》

[27]《史记·商君列传》

[28]《商君书·画策》

[29]《商君书·去强》

[30]《尉缭子·武议》

[31]《史记·货殖列传》

[32]《睡虎地秦墓竹简》,文物出版社,1978 年。

附录四

终日履薄冰　谁知我心焦

——略论阮籍及魏晋名士的政治心态①

摘要:魏晋之际复杂的政治环境,深刻地影响了以阮籍为代表的一批知识精英。面临着特定的政治选择,士人的理性和批判精神不得不发生变化。士人向专制权力妥协、屈服甚或紧密地为专制王权服务,成为一种历史必然。伴随着士人人格的臣仆化,学术也日益御用化,士人丧失了先前作为社会知识和道德信仰承担者以及社会理性主体的地位,转换成为整个封建社会官僚体系中的一部分。

关键词:阮籍　名士　政治心态

魏晋之际是中国历史上一个政权迭变、朝代亟革、社会动荡的时期,也是一个文化演变及价值观念体系内在结构失衡及终极价值观念淡薄的时期。这尤其体现在以阮籍为代表的一批玄学名士身上,这一时期,是他们个体政治意识自觉与正统政治思维压抑相抗衡的时期,也是一个在政治上既有抗争,又有妥协,既有觉醒,又极力逃避现实的尴尬两难之时代,这也给后世的知

①本文曾发表于《上饶师范学院学报》2007年第4期。

识分子带来了影响。本文试图通过对阮籍,及其他“竹林七贤”名士群体政治心态的文化考察，从而对变革时期附在传统社会统治者这张“皮”上作“毛”的知识精英们的价值取舍,作一定的认识。不妥之处,见教于方家。

一、阮籍的政治心态

余英时先生在《士与中国文化》中对魏晋士风的演变有极精辟的见解,他说这一时期,按照传统的史学名词讲,是围绕着名教与自然的问题而进行的,在思想史上,这就是儒家和道家互相激荡的一段过程。老庄重自然,这对当时的个体解放有推波助澜之力,周礼重名教,其功效在维持群体秩序。魏晋士人在动乱的岁月中看清了儒家纲常礼教为君权服务的本质，他们大胆地蔑视名教,抨击君朝。阮籍就是他们中的代表之一。

史载:“阮步兵丧母,裴令公往吊之,阮方醉,散发坐床,箕踞不哭。裴至,下席于地;哭吊唁毕,便去。或问裴:凡吊,主人哭,客乃为礼,阮既不哭,君何为哭?裴曰:阮方外之人,故不崇礼制,我辈俗中人,故以仪轨自居。时人叹为两得其中。”[1]阮籍与裴頠对待同一件事的两种态度,便是名教与自然之争的典型表现。阮籍丧母,按儒家礼制的规定,丧礼最重,不可不隆重对待,因而有“三年之丧”的礼规,并且,丧礼在这一时期已不仅成为国家制度的重要部分,而且是现实生活中的一项不可或缺的礼仪风俗。但阮籍给了他最大的叛逆与嘲讽,不仅违背礼制大肆饮酒,而且全然不按礼制行事,完全是随心所欲的“自然”行为。不仅如此,阮籍还对遵循儒家礼制的所谓“君子”们进行了无情的讽刺与极度的蔑视。他在《大人先生传》中说:

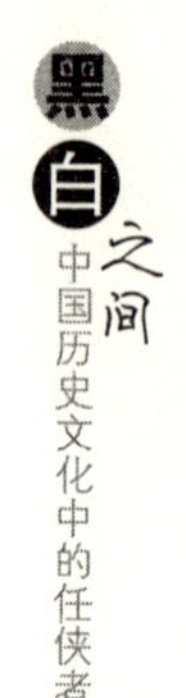

> 世之所谓君子，惟法是修，惟礼是克，手执圭璧，足履绳墨，行欲为目前检，言欲为无穷则，少称乡党，长闻邻国。上欲图三公，下不失九州牧。独不见群虱之处裈中，逃乎深缝，匿乎坏絮，自以为吉宅也。行不敢离缝际，动不敢出裈裆，自以为得绳墨也。然炎丘火流，焦邑灭都，群虱处于裈中而不能出也。君子之处域内，何异夫虱之处裈中乎？[2]

阮籍对礼法的厌恶和鄙视，可见一斑。他把那些墨守儒家陈规的所谓君子，讥讽为处在人裤裆中的虱子，语辞甚或有些尖酸，但其厌弃之情，跃然纸上。他在藐视名教的同时，还勇敢、大胆地批评和抨击封建礼教的最高统治者——君主，甚至竭力提倡和宣扬无君的社会。应该说阮籍的这一思想，远远超出了个体解放的范围，带有强烈的社会理性思考与关怀。他说："盖无君而庶物定，无臣而万事理……君立而虐兴，臣设而贼生。坐制礼法，束缚下民……竭天地万物之至，以奉声色无穷之欲，此非所以养百姓也。"[3]另一方面，由于阮籍身处的时代是"世道多虞，朝章紊乱，清己中立，任诚保素而已"[4]，他又不得不采取了大隐隐于庙堂之上的做法，用自己特有的方式，周旋于权贵之间，但明哲保身的政治心态使其处于政治上的尴尬境地。《晋书·阮籍传》载："籍本有济世志，属魏晋之际，天下多故，名士少有全者。籍由是不与世事，遂酣饮为常。文帝初欲为武帝求婚于籍，籍醉六十日，不得言而止。钟会数以时事问之，欲因其可否而致之罪，皆以酣醉获免。"阮籍在《咏怀诗》第三十一首中表露自己的政治处境时说："终日履薄冰，谁知我心焦？"嵇康也说："阮嗣宗口不论人过，吾每师之，而未能及。至性过人，与物无伤，惟饮酒过差耳。至为礼法之士所绳，疾之如仇。”[5]阮籍这种看似消极的人生态度和逃避现实的做法，成了保全自己最高尚又最安全的方式。但即便是这样，他仍摆脱不了俗世权威对他的控制，他又不得不换一种方式去交好他们，后人对此认识比较清楚。宋人叶梦得便说："史言虽去职（指阮籍不作司马昭大将军从事——笔者按），常游府内，朝宴必预。以能遗落世事为美谈。以吾观之，此正其诡谲。佯欲远昭，而阴实附之，故示恋恋之意，以重相谐结，小人情伪有千载不可掩者。不然，籍与嵇康当时一流人物也，何礼法疾籍如仇，昭则每为保护，康乃遂至于是，籍何以独得昭如是耶？至劝进之文，真情乃见。”[6]叶氏的分析可谓一针见血，陈郁也说："世论多以阮籍为放旷不羁之士，守礼法者羞言之，盖以迹而不以心也……当其王室不竞，强臣擅威，戮大臣如刺犬豕……而籍终以沉湎避，其察微见远，寄托保身，非高出数子之上，其能脱屣于祸阱哉！”[7]事实上，他选择了一种因苟合于乱世而付出了痛苦代价的生命态型。《晋书·阮籍传》载："（阮籍）时率意独驾，不由径路，车迹所穷，辄痛哭而反。" 阮籍的这种"不由径路"行为表现了他已无常规的人生道路可走，而当"车迹所穷"时，他从这种象征性的预示中，认识到了知识分子个体生命的巨大生存压力，无路可通，无希望可言，于是，他痛哭失声。由此可见，他无力解决理想抱负与严酷现实、政治志向与个体生命保全之间的诸多尖锐冲突，因而，他选择了一种扭曲的人格世界，映照在其政治心态上，也便具有了明显的尴尬两重性。

二、"竹林七贤"的政治类型

客观讲，单纯以阮籍一人的政治行为及其心态来考察魏晋

之际名士的政治取向，无疑是窥豹一斑而已，因此，我们便以阮籍的政治价值取向为界标，将当时最具有代表性的名士群体——“竹林七贤”的政治取向作一全面分析，进一步加深对该问题的理解。“竹林七贤”(即嵇康 、阮籍、阮咸、刘伶、王戎、山涛、向秀七人)作为这一时期不同类型名士的集合体，虽然他们在不同程度上都受到玄学思潮的影响，相互间有着错综的交往，但却不是一个目标一致的政治集团。他们的政治价值取向有着很大的差异，大致来说，可分为三种类型：

(一)以嵇康为代表反对世族统治的独立人格派，即与传统官方统治思想相对立的新思想的代言人

王弼一派的玄学家把儒家名教说成是茫茫宇宙中的一种绝对精神，即“道”或 “自然”，并说这是冥冥之中昊天上帝的绝对命令。这种将儒家名教神秘化、神圣化的宣扬，无非是为统治者进一步巩固统治张目而已，嵇康对此进行了坚决的斗争。一方面，在哲学问题上，嵇康提出了二元论，以此来反对从天上掉下来的儒学；另一方面，嵇康对儒学本身进行了猛烈的抨击，他大胆地提出了“越名教而任自然”的口号，并且针对儒家所宣扬的“六经为太阳，不学为长夜”的观点，在《难自然好学论》中勇敢地指出：“今若以明堂病舍，以讽诵为鬼语，以六经为芜秽，以仁义为臭腐，睹文籍则目焦，修揖让则变伛，袭章服则转筋，谈礼典则齿龋，于是兼而弃之，与万物为更始，则吾子虽好学不倦，犹将阙焉。则向之不学，未必为长夜，六经未必为太阳也。”嵇康甚至“非汤武而薄周礼” ，“轻贱唐虞而笑大禹”，乃至对孔子也进行了无情的嘲讽，说孔子“ 修身以明污，显智以惊愚，籍名高于一世，取准的于天下。神驰于利害之端，心惊于荣辱之途”[8]。所有这些，

都表现了嵇康蔑视名教、猛烈抨击君朝的大无畏精神。

在现实的政治生活中，嵇康始终保持了遗世独立的气概来傲视王侯的权势。《世说新语·简傲》记载：钟会由于仰慕嵇康的大名，前去拜访他，而嵇康当时擂鼓不停，全然不理会他，钟会因此记恨，后借机报复，劝司马昭杀掉嵇康，罪名之一就是"上不臣天子，下不事王侯，轻时傲世，不为物用"[9]。著名的《与山巨源绝交书》是他与当时统治者不愿妥协、不想合作的宣言书，同时也是他的诀命书。山巨源即"竹林七贤"之一的山涛，嵇康的老朋友。山涛为司马昭争夺在野派名士的中介人和调和当局与在野派名士矛盾的理想人选，在司马昭篡位夺魏政权前夕，任命他为吏部郎，山涛有意让嵇康先干，推荐了嵇康。嵇康为此大为不快，写了这封信，公开表示与司马氏不合作的立场。于是，司马昭便借故把他杀害了。嵇康的被杀，并不仅仅是因为反对司马氏的行为而导致的结果，司马昭杀嵇康，实实在在包含有打击名士们的对立情绪，给予严重警告的意味。从思想方面说，嵇康的被杀是"非汤武而薄周孔"、"越名教而任自然"的言行为名教所不容；从政治角度讲，他却是不知不觉代表着当时名士们对于司马氏势力的不满情绪，他的被杀，是司马氏在权力争斗中的某种需要，即借一个有很大声望的名士的性命，以弹压名士们不臣服的桀骜。因此，便可以理解为什么当时有三千太学生为救嵇康而请愿，但司马昭始终不肯赦免这个桀骜不驯知识分子的真正原因。

（二）以阮籍、刘伶、阮咸为代表的政治上具有尴尬两重性的隐逸派

这一派既为了逃避政治上的迫害，又不愿效命于当局，致使内心矛盾重重、苦闷极多，因而在生活上表现为纵酒任情、声色

犬马。阮籍的政治心态，前面已述及，此处不再赘述。刘伶的《酒德颂》便颇具代表性。《晋书·刘伶传》载："（刘伶）常乘鹿车，携一壶酒，使之荷锸而随之，谓曰：'死便埋我。'"有一次，他喝多了，在屋内脱光衣服，人嘲笑他失礼，他说："我以天地为栋宇，屋室为裈衣，诸君何入我裈中。"[10]阮咸（阮籍兄之子）则也是"居母丧，纵情越礼。素幸姑之婢，姑当妇于夫家，初云留婢，既而自从去，时方有客，咸闻之，遂借客马追婢，既及，与婢累骑而还"。又曾经与"群豕共饮"。[11]所有这些违背儒家正统的种种表现，诸如醇酒妇人的放荡、裸衣露形的不羁，实际是一种寻找特殊的感情宣泄方式，饮酒是为了麻醉，躲避险恶的人世；好色是为了刺激，找寻生命片刻的快乐。这样做的目的无非是要在醇酒情色的刺激中暂时忘掉政治的黑暗和精神上的痛苦，这种既想保持独立人格而又不愿付出生命代价的政治上的两重性，即是这派名士政治心态的真实写照，也对后世的知识阶层影响很大。

（三）以王戎、山涛、向秀为代表迎合西晋统治的仰禄之士派

他们既是西晋世族政治上的代言人，又是现实政治生活中切实维护当局统治的实践者。王戎是当时有名的玄学清谈之士，他出身于琅琊临沂的名族，祖父王雄为幽州刺史，父王浑为凉州刺史、贞陵亭侯，王戎本人也是一个"积实聚钱不知纪极"[12]的官僚大地主。所以，无论从那方面看，他与仰禄之士是没有多少不同之处的。据《晋书·王戎传》记载：王戎早年以儒家名节相标榜，其父"卒于凉州，故吏赙赠数百万，戎辞而不受，由是显名"，而另一方面，王戎又爱财吝啬之极，"获讥于世"。如此沽名钓誉的卑劣行为，他惯常运用于现实政治生活中，事实上，王戎虽然在表面上受玄学思潮的影响，但在骨子深处，仍未改变仰禄之士

的本质特征。山涛与王戎都是彻底改节侍奉新主，从无为转向有为之士，但处世的指导思想有些不同，因而具体的政治行为也不同。山涛按照儒家传统以道自任，希望通过自身对政治的参与，能够实现儒家宣扬的仁政思想。其本质与东汉士大夫有一定相同之处。山涛出仕后，颇具政治才干，他出仕冀州刺史时，“甄拔隐屈，搜访贤才……人怀慕尚，风俗颇革”[13]。山涛在儒家道德实践方面也堪称模范，他所器重的是供他施展政治抱负的时机。尽管同为西晋世族政治生活的实践者，并且都受玄学思潮的影响，但他做官的指导思想与王戎等人是迥然不同的，一个是仰禄，一个是济世。无怪乎叶梦得在《避暑录话》中评论两人说：“山巨源（山涛）自有志于世，王戎尚爱钱，岂不爱官，故天下稍定皆复出，巨源岂戎比哉？”这正好道出二人处世指导思想本质的不同。至于向秀，自从其友嵇康、吕安被杀后，便迫于政治压力，应岁举入京师投到司马氏势力下为官，不过据《晋书·向秀传》记载，他“在朝不任职，容迹而已”，可知他也是不得已而为之，用这种消极隐退的方式来保全自身，遵守了明哲保身的传统处世哲学。

三、结　语

每个时代知识分子的价值观念及政治择向，是该时代前赋文化与综合社会文化因素彼此影响、相互作用的结果，并且也是认识这一时代重要的社会多棱镜，阮籍及其他名士之所以有着不同政治心态的原因之所在，亦是如此。自从汉武帝推行“罢黜百家，独尊儒术”的政策后，封建专制主义一步步地扩展到了意识形态领域。大一统的政治体制和一元化的意识形态结合为一体，致使西汉以来的士阶层把儒家名教奉为神圣的行为准则和

道德准绳，把“达则兼济天下，穷则独善其身”作为士人的唯一出路。儒家所宣扬的道德标准和行为准则成为最高的价值判断。至东汉中期以后，由于士大夫集团与外戚宦官的势力逐渐处于激烈的争斗之中，从而使士阶层的群体自觉意识与日俱增地明确表现出来。正如余英时先生所分析的那样：“盖自东汉中叶以来，士大夫之群体自觉与个体自觉日臻成熟，党锢狱后，士大夫与阉宦阶级相对抗之精神既渐趋消失，其内在团结之意态亦随之松弛，而转图所以保家全身之计……诚是也。自此以往，道术既为天下裂，士大夫以天下为己任的精神逐渐为家族与个人之意识所淹没。”[14](P317-318)面对祸福无常、安危莫测的动荡时局，魏晋士人发现生之不易，死之可期，从而迫使他们重新确立自己的人生观和价值取向，这为他们的政治择向定下了基本的格调，其政治心态是可想而知的。阮籍及其“竹林七贤”为代表的魏晋名士的政治取舍，说明了这样一个事实：在强大的专制权力之下，士人的理性和批判精神不得不发生变化，士人向专制权力妥协、屈服甚或紧密地为专制王权服务，成为一种历史必然。伴随着士人人格的臣仆化，学术也日益御用化，士人丧失了先前作为社会知识和道德信仰承担者以及社会理性主体的地位，转换成为整个封建社会官僚体系中的一部分。

参考文献：

[1][10]〔南朝〕刘义庆撰：《世说新语·任诞》，上海古籍出版社，1982年。

[2][3]〔清〕严可均辑：《全上古三代秦汉三国两晋六朝文》卷四十六，中华书局，1958年（据广州广雅书局刻本复制重印）。

[4]〔唐〕房玄龄等撰：《晋书·乐广传》卷四十三，中华书局，1974年。

[5]〔三国·魏〕嵇康:《与山巨源绝交书》,见《嵇康集校注》(戴明扬),人民文学出版社,1962年。

[6]〔宋〕叶梦得:《避暑录话》,上海古籍出版社,2001年。

[7]〔南宋〕陈郁:《藏一话腴》,上海书店出版社,1999年。

[8]〔三国·魏〕嵇康:《答难养生论》,见《嵇康集校注》(戴明扬),人民文学出版社,1962年。

[9]〔南朝〕刘义庆撰:《世说新语·雅量》注引《文士传》,上海古籍出版社,1982年。

[11]〔唐〕房玄龄等撰:《晋书·阮籍传》卷四十九,中华书局,1974年。

[12]〔唐〕房玄龄等撰:《晋书·王戎传》卷四十三,中华书局,1974年。

[13]〔唐〕房玄龄等撰:《晋书·山涛传》卷四十三,中华书局,1974年。

[14]余英时:《士与中国文化》,上海人民出版社,2003年。

后 记

不记得从什么时候开始，我人生欢乐享受的列表中增列了逛书店一项。每每站在连排成列的书架前,一种莫名的冲动和亢奋情绪油然而生，那种开卷而来的油墨清香味，连同书中的天地,常使人忘却了俗世的浮躁和现实的一切苦厄。站在智者先贤的面前，最斗胆的想法就是有一天自己也能交一份学习的“答卷”。但未曾始料的是,今天交的这份“卷子”却有些“急就章”的味道。不过,虽为“稻粱谋”而立就成书,但这本小册子毕竟记录了自己这些年的部分心路历程，权且算它是留给自己的岁月纪念品吧!

本书共有五章。主要从历史和文化的双重角度考察了中国传统社会中的任侠者群体,并进一步论及了这一特殊群体组织化以后,从社会实践与文化方面带给后世的诸多影响。此外,书中还收录了自己这些年来有关中国传统文化研究的部分文章,因其与任侠者的研究一直处于孪生状态,暂且编录在此,以飨读者。

本书能够顺利出版，首先感谢江苏科技大学马克思主义学院领导的大力扶持和关照。同时,要将深深的谢意献给我的挚友

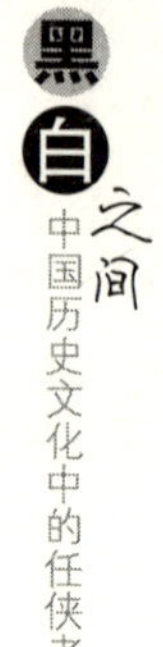

杨海军编辑，从本书的立项到最终出版，他付出了诸多辛劳。此外，我还要感谢我曾经的室友杨荣庆博士，如果没有他在部分资料方面的搜集和整理工作，毫无疑问，本书的出版将大大延期。

最后，我愿将这本书献给我所有的亲人，正因为有他们作为我人生的坚强后盾，才支撑着我一步步走到今天。

另外，如前所述，由于诸多主客观因素的影响，书中存在的不足、缺漏，乃至谬误，当在所难免，故此，敬请各位方家不吝指教！

孙云

2011年11月于江苏镇江枫林湾寓所